职业教育现代产业学院治理研究

秦凤梅 胡成丽 钟星宇 李 芩 著

重庆大学出版社

内容提要

本书是一部系统探讨职业教育现代产业学院治理的学术专著。本书从产教融合发展脉络、内涵特征、政策机制到现代产业学院治理体系构建等方面,深入浅出地剖析了现代产业学院治理的理论基础、实践现状、存在问题及未来发展方向。同时,基于共生理论创新提出打造产业学院命运共同体的思路,从利益相关者视角提出了产业学院治理体系构建策略。本书还附有产业学院董事会章程样例、考核与管理办法样例,以及现代产业学院治理相关文件制度清单,为读者提供了丰富的实践参考和借鉴。

图书在版编目(CIP)数据

职业教育现代产业学院治理研究／秦凤梅等著.
重庆:重庆大学出版社,2024.12. -- ISBN 978-7
-5689-5093-0

Ⅰ.G719.2

中国国家版本馆 CIP 数据核字第 2024CY4383 号

职业教育现代产业学院治理研究

秦凤梅 胡成丽 钟星宇 李 岑 著
策划编辑:苟荟羽
责任编辑:谭 敏 版式设计:苟荟羽
责任校对:关德强 责任印制:张 策

*

重庆大学出版社出版发行
出版人:陈晓阳
社址:重庆市沙坪坝区大学城西路 21 号
邮编:401331
电话:(023)88617190 88617185(中小学)
传真:(023)88617186 88617166
网址:http://www.cqup.com.cn
邮箱:fxk@ cqup.com.cn(营销中心)
全国新华书店经销
重庆天旭印务有限责任公司印刷

*

开本:720mm×1020mm 1/16 印张:11.5 字数:196 千
2024 年 12 月第 1 版 2024 年 12 月第 1 次印刷
ISBN 978-7-5689-5093-0 定价:59.00 元

序

　　现代产业学院作为新时代职业教育重要载体,其治理体系构建成为当前职业教育改革与发展的关键所在。在新时代背景下,结合职业教育现实需求及国家产教融合相关政策导向,构建具有新时代特色的现代产业学院治理体系,对推动职业教育改革与发展及现代产业学院治理体系完善具有重要价值和意义。本书由重庆轻工职业学院产教融合中心主任秦凤梅教授主要负责撰写,重庆城市管理职业学院胡成丽老师协助完成第五章撰写、附件材料整理,重庆轻工职业学院钟星宇老师、李芩老师协助完成附件整理。本书旨在通过系统深入的研究,为现代产业学院治理提供理论支撑与实践指导。

　　本书是秦凤梅教授主研的 2023 年重庆市人文社科重点项目"以人民为中心视域卜高职产业学院'4-3'协同教育体系建设研究(23SKGH445)"的理论研究成果。特色鲜明,主要体现如下:一是全面系统,涵盖产教融合发展脉络、内涵特征、政策机制及现代产业学院治理体系构建等方面,全方位、多角度探讨现代产业学院治理的理论基础、实践现状、存在问题及未来发展方向;二是理论与实践相结合,既深入剖析了治理体系的理论基础,又结合大量实际案例,提供了丰富的实践参考;三是前瞻性强,对产业学院治理的未来发展趋势进行了展望,并提出了针对性策略建议;四是注重可操作性,附带了详细的文件制度清单和案例,便于读者在实际工作中参考借鉴。

　　我们相信,本书的出版将为职业教育领域的研究者、实践者及政策制定者提供宝贵的参考,为推动职业教育与产业深度融合、构建现代产业学院治理体系贡献智慧和力量。本书在撰写过程中,参考了大量国内外相关文献和政策文件,吸收了众多专家学者的研究成果和实践经验。在此,我们向所有为本书提供支持和帮助的同仁表示衷心的感谢。本书特别感谢中软国际、东软教育集团、重庆现代服务业职教集团、全国火锅行业产教融合共同体等多家单位,它们先后为本书提供了大量的研究资料以及应用与实践的平台和机会,确保本书内容有较强的适用性和针对性。同时,我们也期待本书能够引起更多学者和实践者的关注与讨论,共同推动职业教育现代产业学院治理体系不断完善和发展。

作者

2024 年 9 月

目　录

第1章
产教融合政策与机制

产教融合政策是国家为了促进教育界和产业界的深度合作而制定的政策。其核心目标是通过教育和产业的紧密结合,提高人才培养的质量和适应性,从而更好地服务于经济社会发展。随着经济全球化和产业结构的不断调整,传统的人才培养模式已经难以满足市场的需求。为了解决这一问题,许多国家开始推行产教融合政策,以加强教育界和产业界的合作,提高人才培养的质量和适应性。产教融合政策的实施具有重要意义,首先,有利于提高人才培养质量和适应性,使教育更加贴近市场需求,提高学生的就业竞争力;其次,有利于推动产业的升级和创新,为企业提供更多高素质的人才支持;最后,有利于促进经济社会的可持续发展,通过教育和产业的深度融合,推动经济的高质量发展。

1.1 国内外产教融合政策发展与比较

1.1.1 国内产教融合政策演变

1.半工半读的政策萌芽阶段(1949—1977 年)

新中国成立之初,产教结合的教育方针开始确立。这一时期,产业与教育的发展必须以国家建设为先,满足政治发展需求。1949 年 12 月,在全国第一次教育工作会议上,确立了"为工农服务,为生产建设服务"的教育工作方针。1958年 9 月,《中共中央、国务院关于教育工作的指示》出台,明确了"教育必须为无产阶级服务"的宗旨,此外正式规定了"教育必须与生产劳动相结合"的指导思想。自此,在该指导思想的指导下,此阶段的整体方向及特点是学校办工厂、农场,或农场合作社办学校。这种半工半读制度是在当时背景和条件下对产教融合的一种探索,同时为产教融合的深入发展提供了实践经验。

2. 产教结合的政策探索阶段(1978—1994 年)

这是产教融合政策的探索时期。改革开放初期,由于许多青年劳动者及一线职工缺乏基本的文化知识与实践技能,难以适应中国经济发展战略的转变,因此国家大力推进职业教育,力求实现职业教育与经济社会发展的结合。该阶段产教融合政策主要特征是"产教结合",强调学校与企业合作,共同培养人才,同时,个体、企业等拥有一定的办学自主权。相关政策有,1985 年,《中共中央关于教育体制改革的决定》提出"学校和社会、教育和生产劳动相互配合"的原则,强调学校与产业部门结合,开展科学研究,进行技术推广;1991 年,《国务院关于大力发展职业技术教育的决定》中首次提出"产教结合"的方针,要求在职业教育中实行产教结合,推动学校与企业的合作。

3. 工学结合的政策改革阶段(1995—2013 年)

随着经济发展和产业结构调整,产教融合政策开始进入改革探索阶段。该阶段国家出台了一系列政策措施,加强学校与企业的合作,鼓励企业参与职业教育,共同培养符合市场需求的高素质技能人才。2005 年,《国务院关于大力发展职业教育的决定》提出"工学结合、校企合作"的职业教育发展思路,鼓励企业与学校合作,共同培养技能人才。2006 年,《教育部关于全面提高高等职业教育教学质量的若干意见》提出"工学结合、校企合作"的人才培养模式,推动高职院校与企业深度合作。

4. 产教融合的政策深化阶段(2014 年至今)

随着国家对职业教育的高度重视和产业结构的深度调整,产教融合政策进入深化发展阶段。该阶段国家出台了一系列重大政策措施,进一步强调了产教融合在职业教育中的重要地位,鼓励企业深度参与职业教育,加强产教融合,培养符合市场需求的高素质技能人才。2014 年,《国务院关于加快发展现代职业教育的决定》中强调"产教融合、特色办学",要求在职业教育中深化产教融合,推动学校与企业的紧密合作。2017 年,《国务院办公厅关于深化产教融合的若干意见》中对我国职业教育产教融合政策进行了全面梳理,系统总结了产教融合政策的发展模式与经验。这一时期,产教融合政策的主要特征是强调企业与学校之间的深度合作,促进教育链、人才链与产业链、创新链的有机衔接。该阶段除了上述政策,还有如下相关政策:

(1)产业学院政策:2021 年,中共中央办公厅、国务院办公厅印发《关于推动现代职业教育高质量发展的意见》中明确指出推动校企共建共管产业学院、企业学院,延伸职业学校办学空间。2019 年,国务院发布的《国家职业教育改革实施方案》提出深化产教融合、校企合作,育训结合,健全多元化办学格局,推动企业深度参与协同育人,扶持鼓励企业和社会力量参与举办各类职业教育,为产业学院的发展提供了政策支持和指导。2020 年,教育部办公厅与工业和信息化部办公厅联合印发了《现代产业学院建设指南(试行)》文件,旨在引导高校建设现代产业学院,打造一批融人才培养、科学研究、技术创新、企业服务、学生创业等功能于一体的示范性人才培养实体,为应用型高校建设提供可复制、可推广的新模式。

(2)城市共同体政策:该类政策旨在通过城市间的合作,促进产教融合的区域发展。城市共同体由多个城市的教育和产业资源组成,共同推动区域内的产教融合工作。政策鼓励城市间开展合作交流,共享资源和经验,促进城市间的产业和教育协同发展。

(3)现代学徒制政策:现代学徒制是产教融合的一种重要形式,政策上鼓励企业和学校共同开展现代学徒制培养。通过学校理论学习和企业实践相结合的方式,培养学生的职业技能和实践能力。政府对参与现代学徒制的企业给予一定的政策和资金支持,促进企业积极参与职业教育。2019 年,教育部办公厅发布《关于全面推进现代学徒制工作的通知》,旨在加快推进现代学徒制试点工作,培养具有实践能力和创新精神的高素质技能人才,通知提出试点工作的目标和工作重点,为开展现代学徒制试点提供了指导。

(4)产教融合型企业认证制度:该类政策是对深度参与产教融合的企业的一种认可和激励。通过认证的企业可以享受政府的优惠政策,如税收减免、资金扶持等,旨在鼓励更多的企业积极参与职业教育,深化产教融合。

1.1.2 国外产教融合政策演变

1. 国外产教融合政策演变典型案例

(1)英国:英国高等教育质量保障局等官方机构制定了相关的行业准则和框架,如《高等教育学术质量保障与标准行业准则》对产教融合中的合作办学机构、资格证书颁发、机构制定政策的程序和登记流程等作出了详细规定。英国政府成立了多个官方或非官方组织机构来具体管理产教融合相关事务,如"产业训练委员会""人力资源服务委员会""职业教育咨询委员会"等。这些机构在制定和实施产教融合政策方面发挥了重要作用。英国的产教融合政策主要通过"产业大学"和"技能资助计划"等项目来实现。产业大学是一个虚拟的大学,通过与产业界的合作提供培训和课程;技能资助计划则为企业提供资金支持,鼓励企业参与职业教育和培训。

(2)美国:美国的产教融合政策主要通过社区学院和产业界的合作来实现。社区学院与企业合作开设课程和实训项目,为学生提供实践机会,同时也为企业提供人才支持。此外,美国政府通过一系列计划和立法来促进产教融合发展。例如,"社区学院计划"和"职业教育法案",为社区学院与企业的合作提供了政策和资金支持。此外,美国的企业也积极参与职业教育改革和发展,为学校提供实习、实训和就业机会等方面的支持。

(3)德国:德国的职业教育和培训体系被广泛认为是世界上最好之一。德国政府通过立法和政策措施,鼓励企业与学校深度合作,共同培养高素质的技术技能人才。德国的"双元制"职业教育模式就是典型的产教融合模式之一,学生在学校接受理论学习,在企业接受实践培训,实现了学校与企业、理论与实践的有机结合。

(4)澳大利亚:澳大利亚政府通过成立行业技能委员会,制定国家职业教育和培训框架,推行职业教育改革计划等措施,鼓励行业企业参与职业教育和培训。同时,澳大利亚政府还建立了完善的职业教育质量保障体系,确保职业教育和培训的质量和标准。

2. 国外产教融合政策演变阶段及历程

一是萌芽阶段。该阶段的主要特点是政府开始意识到产教融合在职业教育中的重要性,开始尝试制定一些相关的政策和措施,鼓励企业参与职业教育。例如,在 20 世纪 60 年代,美国开始实施"合作教育"计划,通过大学与企业的合作,为学生提供实习和工作经验。

二是发展阶段。该阶段政府开始更加积极地推动产教融合,制定更加全面和具体的政策,鼓励企业与学校更加紧密地合作。例如,德国在 20 世纪 80 年代开始实施"双元制"职业教育,企业与学校共同承担人才培养的责任,学生在企业接受实践技能培训,在学校接受理论知识学习。

三是成熟阶段。该阶段政府已经意识到产教融合对于经济社会发展的重要性,开始制定更加全面和具体的政策,建立完善的产教融合体系。例如,英国在 2017 年发布了《产业战略绿皮书》,提出要建立"产业教学联盟",通过政府、企业、学校和研究机构的合作,加强人才培养和科技创新。

总之,国内外产教融合政策的演变历程表明,产教融合已经成为职业教育和人才培养的重要模式之一。政府和企业越来越认识到产教融合的重要性和必要性,并采取了一系列政策和措施来推动产教融合的发展。

1.1.3　国外产教融合政策与支持

1. 国外职业教育产教融合政策举措

国外产教融合方面出台了许多重要政策措施,主要包括:一是立法保障方面,比如德国、英国等国制定了职业教育法或职业资格教育法,明确政府与企业在职业教育中的法律责任,为产教融合提供基础性保障;二是财政支持政策,比如增加职业教育财政投入,用于奖励和资助企业开展职业教育,支持学校改善实训条件,吸引更多优秀人才加入职业教育等;三是税收优惠政策,比如对企业开展职业教育给予税收减免、职业教育捐赠允许税收抵免等优惠,鼓励企业积极参与;四是建立职业教育国家标准体系,即制定职业技能等级标准、职业资格标准,推动职业教育标准化和质量保障;五是信息化建设,比如搭建职业教育网络平台,实现教学资源共享、远程培训等,增强产教融合效率;六是政府采购政策优先,比如政府优先采购职业教育机构和用人企业的产品及服务,支持其发展;七是建立质量监管制度,比如制定质量标准,开展认证评估,促进职业教育健康发展。

2. 国外产教融合政策执行成效

国外产教融合政策执行方面取得显著成效:一是职业教育社会地位得到提升,不再被视为普通教育的次选,而是在社会中得到认可和重视;二是职业教育质量整体得到提升,课程设置更加科学合理,教学过程标准化,毕业生就业竞争力增强;三是产教融合程度不断深化,校企合作机制更加畅通,企业积极参与课程开发、提供实习基地、参与学生评估等;四是职业教育资源投入持续增加,政府加大资金支持力度,社会各界对职业教育的捐赠也在明显提高;五是规范化建设成效显著,职业教育标准化水平不断提高,教育评估体系日益完善;六是信息化建设取得进展,数字化培训平台应用广泛,教育教学手段日益现代化;七是开展了广泛的国际合作交流,实现了互鉴互借。

1.1.4 国内产教融合政策与支持

1. 已初步形成产教融合政策体系

我国已初步形成产教融合的政策体系。中央层面制定出台了《中华人民共和国职业教育法》《国家职业教育改革实施方案》等政策法规,对产教融合作出顶层设计和战略部署。各地区和行业主管部门也相继制定实施办法和配套政策,从组织体制、经费投入、教学管理、质量评估等方面作出规定,为产教融合提供政策保障。政府主导引领产教融合政策,并广泛吸纳行业企业参与政策制定和资源投入。初步建立政府部门、行业组织、高职院校、企业四方参与的产教融合政策协调机制。政策内容涉及产教融合顶层设计、经费投入、组织管理、过程监管等多个方面。形成从中央到地方的产教融合政策体系。这为产教融合健康有序发展提供了制度保障。具体表现在以下几个方面:

(1)规划政策:政府在国家发展规划中,对产教融合发展做出总体规划和部署。例如,在《国家教育事业发展"十三五"规划》中,提出了实施职业教育产教融合工程,推动职业教育与经济社会同步发展。

(2)财政政策:政府通过财政拨款、专项资金等方式支持产教融合项目。例如,设立产教融合发展专项资金,对符合条件的项目给予财政补贴或奖励。

(3)税收政策:政府通过税收优惠政策鼓励企业参与产教融合。例如,对参与产教融合的企业给予一定的税收减免或抵扣,降低其参与成本。

（4）奖励政策：政府对在产教融合中表现突出的企业和学校给予奖励,以激励更多的企业和学校参与产教融合。例如,设立产教融合示范企业和示范学校,表彰其在产教融合中的突出贡献。

（5）合作机制：政府通过建立合作机制,促进企业、学校、行业协会等各方之间的合作。例如,建立产教融合联盟、校企合作平台等,为各方提供交流与合作的渠道。

总的来说,我国已初步形成了包括规划、财政、税收、奖励等方面的政策体系,为产教融合的发展提供了政策保障。但从长远看,产教融合政策的系统性、针对性和可操作性还需要进一步完善。

2. 政策支持力度不断加大

随着产教融合在国家教育及经济发展中的重要性日益凸显,中央和地方政府对其政策支持力度也在不断加大。这种支持不仅体现在财政投入的增加,更体现在政策体系的不断完善和实施效果的持续提升。具体体现如下：

（1）财政投入持续增加：首先中央财政方面,为了进一步推动产教融合,中央财政设立了专项资金,并逐年增加预算;2019 年,中央预算内投入超过 13 亿元,而到了 2020 年,这一数字增长至近 20 亿元,显示出国家对产教融合的高度重视。其次地方财政方面,地方政府也积极响应,与 内配套资金比例持续增加,一些经济发达地区的配套率甚至达到了 融合深入发展提供了坚实的资金保障。

（2）资金使用方式多样化：为更有效地 取了多种资金使用方式。除传统的项目资助外,还通过奖励补 等方式,鼓励学校和企业开展深度合作。此外,政府还支持校企共同开 单培养、共建实训基地、技能大师工作室等多种形式的产教融合项目。这些举措不仅直接促进了产教融合落地实施,还为学校和企业提供了更多的合作机会。

（3）税收优惠政策：为了降低企业参与产教融合的成本,政府为企业提供了税收优惠政策。通过减税、免税或抵扣等方式,鼓励企业积极参与产教融合项目,提高其参与的积极性。

（4）高效项目管理：在项目申报和经费拨付方面,政府简化了流程,减少了审批环节,提高了资金使用效率,学校和企业能更快获得项目资助,加速了产教融合实施进程。

(5)组织管理优化:为更好地推进产教融合政策,政府成立了产教融合领导小组及常设办公室,集中负责政策研究、项目申报、资金安排等工作,形成了统筹协调的工作机制,不仅提高了工作效率,还加强了政策实施的连续性和稳定性。

以上举措不但提高了政府推进产教融合的工作效能,还增强了学校和企业的获得感。

3. 注重分类指导

国内在推进产教融合过程中,各级政府和主管部门注重分类指导,制定不同类型、不同层次的产教融合政策措施。相关举措如下:

(1)差异化政策满足不同需求:在国家层面,教育主管部门意识到不同层次和类型的学校在产教融合中面临的问题和挑战是不同的。因此,他们为高等职业院校和中等职业学校制订了差异化的指导意见,明确各自在产教融合中的定位和重点任务。差异化的政策制定方式确保了各类学校能够根据自身的特点和需求,更有针对性地推进产教融合。

(2)地方政府因地制宜的策略:地方政府根据本地的经济社会发展实际和产业特色,为当地的高职院校和中职学校制订了有针对性的产教融合发展规划,确保了产教融合政策与地方产业紧密结合,能够更好地服务于地方经济和社会发展。

(3)分类指导下的模式创新与人才培养:根据新兴战略性产业、传统优势产业、现代服务业等不同类别,地方政府指导学校进行产教融合模式创新和人才培养方向的调整,有助于学校更好地理解行业需求,及时调整人才培养策略,培养出更符合市场需求的技能人才。

(4)项目申报与资金安排的分类设定:在项目申报和资金安排上,政府会根据学校类别和行业领域设定不同的项目指标和资助强度,确保资金有效利用,使各类学校都能得到与其需求相匹配的资源支持。

(5)试点示范的引领作用:一些地方选择有代表性的院校和特色专业进行产教融合试点示范,并给予重点扶持。通过试点示范,可以总结成功经验,为其他学校提供借鉴,推动整个地区产教融合水平提升。

总之,注重分类指导是国内在推进产教融合过程中的一个重要策略。通过差异化政策、地方政府因地制宜的策略、分类指导下的模式创新与人才培养、项目申报与资金安排的分类设定以及试点示范的引领作用,确保了产教融合政策的有效性和针对性,提高了产教融合质量,有助于因地制宜推进产教融合,针对不同学校和行业的实际需求采取差异化政策,实现教育链、人才链与产业链、创新链的有机衔接,提高产教融合质量,推动经济社会协调发展。

4.监管体系正在构建

国家和地方各级政府高度重视产教融合过程中的监管工作,正在构建全面、规范的监管体系。首先,国家层面成立了产教融合专项督导机构,制定并印发了产教融合监督办法,明确监管机构、监管内容和监管程序等;同时组建第三方评估机构,开展对产教融合发展情况的过程性监测、结果评估工作。其次,地方政府也建立常设机构,负责对辖区内产教融合项目进行监督检查;构建政府主管部门、行业组织、学校、企业多方参与的监管网络,以项目预算资金使用、产教融合效果等为重点,定期或不定期开展检查,并将监管结果与项目审批、资金拨付等挂钩。同时,各级政府还充分发挥舆论监督作用,建立信息公开和社会监督机制。这些监管措施避免了产教融合存在的资金使用不规范、产教融合不实等问题,保障了产教融合健康规范发展。但从长远看,还需要建立系统化的监管标准体系,完善监管内容,强化监管措施,使监管更加精准化和制度化。

1.1.5 国内外产教融合政策的异同点分析

1.相同点

一是国内外产教融合政策的核心目标都是为了培养符合市场需求的高素质技能型人才,促进经济发展和产业结构升级;

二是国内外产教融合政策都强调企业与学校的深度合作,共同参与人才培养过程,注重理论与实践的结合;

三是国内外产教融合政策都注重政府的引导和推动作用,通过制定政策、提供资金支持等方式,鼓励企业参与职业教育,加强产教融合。

2.不同点

(1)政策体系和法律保障:国外产教融合往往依托于较为完善的政策框架和法律支撑,例如美国的职业教育法案、德国的职业培训条例等,这些法律法规为产教融合提供了坚实的制度保障。相比之下,国内虽然近年来出台了一系列旨在促进产教融合的政策措施,但在法律体系的建设上仍有待完善。随着《中华人民共和国职业教育法》的出台,我国正逐步构建起支持产教融合的法律基础。然而,要确保政策的全面执行和有效监督,还需进一步细化法规内容,强化法律约束力,并加大政策落实力度,以形成更为完备且高效的产教融合政策体系和法律保障机制。

(2)政府角色和资金支持:国外政府在产教融合中通常扮演着更为积极的角色,如提供资金支持、设立专项计划、建立信息服务平台等。而国内政府虽然也出台了相关政策,但资金支持和专项计划的力度相对较小,信息服务平台的建设也不够完善。

(3)企业积极参与并创新合作模式:国外企业通常更加积极参与职业教育和培训,合作模式多样,如德国的双元制、澳大利亚的职业教育中心等。而国内企业参与职业教育的积极性相对较低,合作模式较为单一,更多的是学校主动寻求企业合作,缺乏有效的合作机制和平台。

(4)创新课程设置教学质量高:国外产教融合政策注重课程设置和教学质量的提高,如澳大利亚有健全的职业教育质量保障体系,而国内在这方面虽然也有一定的探索和实践,但课程设置相较而言普遍滞后于行业发展前沿,教学质量参差不齐的问题仍然存在。

综上所述,国内外产教融合政策在政策体系、政府角色、企业参与度、合作模式、课程设置和教学质量等方面存在一定差异。这些差异点反映了不同国家在经济发展水平、产业结构、教育体系等方面的差异。为了进一步推动产教融合发展,国内外政府和企业需要不断探索和创新,加强交流与合作,共同推动产教融合的深入发展。

1.2 国家层面产教融合政策分析

1.2.1 国家产教融合政策的作用及影响

我国政府一直高度重视产教融合政策的实施,先后出台了系列政策措施,鼓励企业与学校开展合作,共同培养人才。例如,"现代学徒制""企业新型学徒制"等试点项目的开展,为我国的产教融合提供了有益的探索和实践。国家政策在产教融合中起着至关重要的作用。通过制定和实施相关政策,国家能够为产教融合提供法律保障、资金支持和政策引导,促进产业与教育的深度合作,提高人才培养的质量和适应性。

首先,国家政策可以明确产教融合的地位和作用,将其纳入国家战略和法律法规体系,为产教融合的开展提供法律保障。例如,新修订的《中华人民共和国职业教育法》明确提出,"国家建立健全职业教育与产业体系对接机制,推动职业教育和产业体系协同发展",进一步确立了产教融合的法律地位。

其次,国家政策可以通过资金支持和专项计划,鼓励企业参与职业教育,提高人才培养的质量和适应性。例如,国家可以设立产教融合专项资金,支持企业与学校共建实习实训基地、开展课程开发等,促进产教深度融合。

最后,国家政策可以引导行业企业参与职业教育,推动产教融合的深入发展。例如,国家可以通过制定行业标准和规范,引导企业参与职业教育的课程设置、教学实施和质量评价等环节,促进产业与教育的深度合作。

此外,国家还可以通过政策引导,推动职业教育与产业的对接和融合。例如,国家可以制定职业教育发展规划和政策措施,引导学校根据产业发展需求调整专业设置和人才培养方案,促进教育链与产业链的有机衔接。

总之,国家政策在产教融合中发挥着重要的作用。通过制定法律法规、提供资金支持和专项计划、引导行业企业参与职业教育等措施,国家能够为产教融合提供保障和支持,促进产业与教育的深度合作,提高人才培养的质量和适应性。

1.2.2　国家产教融合政策制定与执行

国家层面产教融合政策的制定与执行是一个系统性的过程,需要政府、企业、学校等多方参与,具体包括以下步骤:

1. 需求调研

政策制定前需要深入了解产业、教育等方面的需求和问题,明确政策目标,确保政策符合实际情况和行业发展趋势。

2. 政策制定

政府根据调研结果制定相关政策,明确产教融合的目标、任务、措施、资金等方面的要求,制定相应的实施细则和操作流程。

3.宣传解读

推广宣传是产教融合政策实施的重要手段。政府可以通过多种渠道和形式,宣传产教融合政策的重要性和意义,提高企业和学校的认识和参与度;同时,政府还可以通过举办论坛、展览等活动,促进产教融合领域的交流和合作。

4.资金支持

产教融合政策的实施需要政府提供一定的资金支持。政府可以通过设立专项资金、提供财政补贴等方式,鼓励企业和学校开展产教融合工作;同时,政府还可以通过税收优惠等政策措施,吸引更多的社会资本投入产教融合领域。

5.组织协调

产教融合政策的实施需要政府加强组织协调,建立跨部门、跨领域的合作机制。政府可以成立专门的产教融合机构或办公室,负责政策制定、组织实施、监督评估等方面的工作,协调各部门和各利益相关方的关系,推动政策的有效实施。

6.监督评估

监督评估是产教融合政策实施的重要环节。政府可以通过建立科学的评估指标体系和评估机制,对政策实施情况进行定期评估和监督;同时,政府还可以通过开展第三方评估、公开评估结果等方式,增强政策的透明度和公信力。

执行国家层面的产教融合政策,需要注意以下几个方面问题:一是要加强统筹协调,政府需统筹协调各方资源,形成合力,共同推动产教融合发展;二是要明确责任分工,即政府、企业、学校等各方需要明确责任分工,发挥各自优势,共同推进产教融合深入发展;三是完善配套措施,即政府需要完善相关配套措施,如资金支持、税收优惠等,鼓励企业积极参与产教融合;四是要培养专业人才,即政府应加强对产教融合领域专业人才的培养,提高政策制定和执行的专业水平;五是加强监督评估,政府需要对政策的执行情况进行监督和评估,及时发现问题并进行调整和改进;六是应建立反馈机制,即政府应该建立有效的反馈机制,及时收集企业和学校的意见和建议,对政策进行不断完善和调整;七是要促进交流合作,政府需要促进企业、学校之间的交流合作,推动产教融合的国际合作与交流。

7. 综合平衡

在产教融合政策制定和实施过程中,平衡短期利益与长期效益是一个关键问题。以下是一些建议:

(1)明确政策目标:在制定产教融合政策时,应明确政策的目标和重点,既要考虑短期利益,也要关注长期效益。例如,政策可以规定企业参与产教融合的具体要求和标准,同时也为企业提供一定的资金和税收优惠等激励措施。

(2)加强沟通与合作:在产教融合政策的制定和实施过程中,应加强与利益相关者的沟通和合作,了解他们的需求和关切,寻求共同的利益点。例如,可以建立产教融合委员会或工作小组,邀请企业、学校、行业协会等各方主体共同参与,共同制定和实施政策。

(3)建立评估机制:为了确保产教融合政策的实施效果,应建立有效的评估机制,对政策的执行情况进行监测和评估。评估结果应及时向利益相关者反馈,并根据评估结果进行政策调整和完善。

(4)发挥行业协会作用:行业协会是连接企业和学校的桥梁,也是平衡短期利益与长期效益的重要力量。行业协会可以为企业提供专业化的服务,促进企业间的合作与交流;同时也可以为政府和学校提供政策建议和意见反馈,促进产教融合的深入发展。

总之,国家层面产教融合政策的制定与执行需要政府、企业、学校等多方参与,形成合力,共同推动。同时,需要加强统筹协调、责任分工、监督评估等方面工作,确保政策目标实现。

1.2.3　国家产教融合政策解析

国家层面产教融合政策旨在促进教育和产业的深度融合,提高人才培养的质量和适应性,促进经济社会的可持续发展。以下是对国家层面产教融合政策的解析与评价:

1. 政策目标

国家层面产教融合政策的目标是促进产业与教育的深度融合,培养符合市场需求的高素质人才,提高人才培养的质量和适应性,同时,也强调通过产教融合,推动教育改革和产业升级,推动经济社会的持续发展。

2. 政策原则

政策原则是以需求为导向、以创新为动力、以市场为基础,发挥政府、企业、学校等各方的优势和作用,形成协同发展的良好格局。

3. 政策内容

国家层面产教融合政策的内容包括以下几个方面:

(1)完善产教融合的体制机制:政府鼓励企业、学校等各方成立产教融合联盟、产业学院等组织,推动产教深度融合;同时,政府需要完善产教融合的评估和激励机制,鼓励企业、学校等各方积极参与产教融合。

(2)加强产教融合的实践环节:政府鼓励企业、学校等各方加强实践教学环节,推动实践教学与产业需求相衔接,提高人才培养的质量和适应性。

(3)促进产教融合的国际合作:政府鼓励企业、学校等各方积极参与国际产教融合合作与交流,引进国外先进的技术和经验,提高我国产教融合的整体水平和国际影响力。

(4)加强产教融合的支撑保障:政府需要加大对产教融合的投入力度,提供资金支持和税收优惠等政策措施,鼓励企业、学校等各方积极参与产教融合;同时,政府需要加强产教融合的人才队伍建设,培养一支高素质、专业化的人才队伍。

4. 政策措施

为实现政策目标,国家层面产教融合政策通常采取一系列措施,包括:

(1)制定产教融合发展规划,明确产教融合的发展方向和重点领域;

(2)建立产教融合协调机制,加强政府、学校和企业的合作与沟通;

(3)鼓励企业参与人才培养过程,通过实践教学、校企合作等方式加强学生实践能力的培养;

(4)加强产教融合国际合作,引进国外先进的理念和经验,提高我国产教融合的整体水平。

5. 政策保障

为确保政策顺利实施,国家层面产教融合政策通常还提供一系列保障措施,包括:

（1）加大财政投入力度，为产教融合提供资金支持；

（2）完善相关法律法规，明确各方权益和责任；

（3）加强监督评估，定期对政策实施情况进行监测和评估。

1.3 地方层面的产教融合政策分析

1.3.1 地方层面产教融合政策与支持

2017 年 12 月，《国务院办公厅关于深化产教融合的若干意见》发布，文件中确定了发挥政府统筹规划、企业重要主体、人才培养改革主线、社会组织等供需对接作用，搭建"四位一体"制度架构，推动产教融合从理念向制度供给的实质性转变。地方政府积极响应，结合各自地区的经济产业特色与职业院校发展状况，出台了一系列针对性政策，以深化产教融合政策的落地实施。比如：浙江省为支持高职院校的创新发展，鼓励建设混合所有制二级学院，并赋予这些学院在招生录取、人才培养方案制订、师资队伍引进等方面的更大自主权，以促进产教融合的深度发展；江苏省通过颁布《江苏省职业教育校企合作促进条例》，明确强调企业与职业院校应共建共享生产性实训基地、产业学院等产教融合平台，并鼓励企业深度参与职业教育人才培养的各个环节，形成产教深度融合的新模式；山东省同样出台了《山东省职业学校校企合作促进办法》，不仅鼓励企业与职业院校共建生产性实训基地、产业学院，还特别强调了产教融合型实训基地的建设，以及企业在职业教育人才培养过程中的全面参与，为产教融合提供了更为广阔的空间；重庆市通过颁布《重庆市职业学校校企合作实施办法》，进一步细化了企业与职业院校合作的具体方式，包括共建生产性实训基地、产业学院以及产教融合型实训基地等，同时明确支持企业全方位参与职业教育人才培养，为产教融合注入了新的活力。

国家及各地方产教融合政策支持具体举措包括：

1. 出台支持政策文件

在全面梳理现有支持职业教育产教融合的政策举措的基础上，针对产教融合发展中存在的问题，研究创新激励扶持举措，形成指导性政策文件，进一步健全"金融+财政+土地+信用"组合式激励,支持地方出台符合本地实际的落地政策。

2. 加大金融政策扶持力度

国家发展改革委加大向金融机构推荐职业教育产教融合中长期贷款项目的力度。鼓励银行机构按照"风险可控、商业可持续性"原则支持产教融合项目和产教融合型企业发展。引导保险机构开发产教融合相关保险产品。支持符合条件的产教融合型企业上市融资。支持符合条件的企业发行社会领域产业专项债券,重点用于实训基地建设。

3. 加大投资政策扶持力度

制定出台支持政策文件,鼓励社会资本参与产教融合,支持符合条件的产教融合项目纳入中央预算内投资和地方政府专项债券支持范围。

4. 打造产教融合新型载体

发挥职教集团(联盟)、市域产教融合联合体、产教融合共同体作用,提升人才培养质量,促进高质量就业。

5. 健全激励扶持组合举措

制定出台支持政策文件,加大金融、投资等政策扶持力度,打造产教融合新型载体,支持企业接收学生实习实训,引导企业按岗位总量的一定比例设立学徒岗位。

6. 统筹推进职业教育与区域发展深度融合

优化职业教育布局,与工业(产业)园区标准化建设同步推进,引导职业院校(含技工院校)、应用型本科高校逐步向产业和人口集聚区集中。推动福州新区职教城建设,支持省属职业院校现有校区建设项目。支持厦门市建设职业教育创新发展高地试点城市,助力两岸融合发展。支持莆田、三明、漳州职业教育园区建设,推动厦门、泉州、龙岩、南平、宁德在工业区、开发区建设职业教育园区,实现职业教育发展与区域产业发展同步规划、同步推进,80%以上易地新建的职业院校建到工业(产业)园区。依托闽东北、闽西南协同发展区职业教育合作交流机制,推进职业教育与协同发展区产业深度融合发展。

7. 深化产教融合校企合作

推动职业院校在企业设立实习实训基地、企业在职业院校建设培育培训基地。推动校企共建共管产业学院、企业学院,延伸职业院校办学空间。

总之,地方政策举措立足本地实际,有助于推动产教融合向纵深发展,提升人才培养质量和服务地方经济发展的能力,同时也为其他地区提供可供借鉴的做法。此外,还有一些地方采取了其他措施来促进产教融合政策落地。例如,有的地方通过建立产教融合示范区,推动产业和教育的深度融合;有的地方通过搭建产教融合信息服务平台,促进企业和学校之间的信息交流和合作;还有的地方通过制定税收优惠政策等措施,鼓励企业积极参与产教融合。这些措施有助于推动产教融合深入发展,提高人才培养质量和适应性,促进产业和教育良性互动。同时,各地方在实施产教融合政策时,应该结合本地实际情况,因地制宜,制定符合自身发展需求的政策和措施,推动产教融合可持续发展。

1.3.2　地方产教融合政策特点与挑战

地方产教融合政策呈现如下特点:一是地域性,即地方政府在制定产教融合政策时,会考虑本地的产业特色、教育资源分布、经济发展水平等情况,因此政策具有明显的地域性;二是灵活性,地方政府在产教融合政策的制定和执行过程中,可以根据本地实际情况进行灵活调整,更好地满足本地产业和教育的需求;三是创新性,地方政府在产教融合方面可以发挥创新作用,探索适合本地特色的产教融合模式和路径,推动产业和教育深度融合。

地方产教融合政策也面临如下诸多挑战:

1. 政策协调难度大

产教融合涉及多个部门和领域,地方政府的协调难度较大,需建立有效的合作机制和沟通渠道。

2. 资金保障不足

产教融合政策的实施需要政府提供一定的资金支持,但是地方政府的财力有限,可能会影响政策的执行效果。

3. 人才流失问题

产教融合政策的实施有助于提高本地产业和教育的水平,但是也可能会吸引外地优秀人才流入,导致本地人才流失。

4. 产业和教育发展不平衡

地方产业和教育发展水平存在差异,难以实现全面均衡的产教融合,需要政府加强引导和支持。

针对以上特点及挑战,地方政府需要加强统筹协调、资金保障、人才培养等方面的工作,促进产业和教育的深度融合。同时,还需要根据本地实际情况进行灵活调整和创新探索,推动产教融合的深入发展。

1.3.3 地方层面产教融合政策的成功案例与启示

1. 地方政府层面

地方政府层面产教融合政策成功案例很多,下面介绍两个具有代表性的案例。

案例一:江苏省产教融合型城市建设。

江苏省在产教融合型城市建设方面取得了显著成效。该省以城市为载体,充分发挥政府、企业、学校和社会组织的作用,加强产教融合的深度和广度。在政策制定方面,江苏省出台了一系列具有针对性的政策措施,如 2019 年,江苏省人大常委会发布了《江苏省职业教育校企合作促进条例》,为产教融合提供了有力的法律保障。同时,该省还建立了职业教育联席会议制度,加强政府各部门之间的协调配合,共同推进产教融合工作。

在实践方面,江苏省积极推动企业和学校深度合作,建设了一批具有示范意义的产教融合型企业和基地。例如,南京工业职业技术大学与南京新港高新技术产业园合作,共同打造了"园校一体"的产教融合模式,实现了学校和企业资源的共享和优势互补。此外,江苏省还通过开展职业技能大赛、创新创业大赛等活动,激发了社会各界参与产教融合的热情和创造力。

案例二:广东省东莞市职业教育集团化办学。

广东省东莞市在职业教育集团化办学方面取得了显著成果。该市以职业教育集团为载体,整合政府、企业、学校和社会资源,推动职业教育和产业发展的深度融合。在政策制定方面,东莞市出台了一系列政策措施,如《东莞市职业教育校企合作促进办法(试行)》《东莞市关于打造教育现代化强市的若干意见》等,为职业教育集团化办学提供了有力的政策支持。

在实践方面,东莞市成立了多个职业教育集团,实现了学校和企业的紧密合作。例如,东莞市机电工程学校与东莞市长安镇政府、华为技术有限公司等合作,共同打造了"政校企"三位一体的职业教育模式,实现了资源共享和优势互补。此外,东莞市还通过建设公共实训中心、职业技能鉴定中心等机构,提高了职业教育的质量和适应性。

2. 地方高校层面

各地职业院校主动和地方企业开展了深度合作,比如:

(1)浙江经济职业技术学院与物产中大集团创办了全国首家产业学院——物流产业学院,并持续探索实践"嵌入式产业学院""股份制产业学院",开创了以产业学院为引领的"33521"系统化、集成化的教育服务新模式。

(2)四川水利职业技术学院国际电工学院通过明确股权结构、成立股份有限公司、建立现代企业运营模式、共建共享共管的资源投入与利用模式,形成了权责利清晰的"行企校命运共同体",形成了混合所有制产业学院发展的新范式。

(3)武汉职业技术学院都市丽人服装产业学院成功实施混合所有制办学,并揭炼出公办院校实施混合所有制办学的"五要素三机制",即品牌资产、教学资源、技术资源、人力资源和研发基地5个要素,建立权责制约、运行管理、共享共赢3个机制。

(4)青岛职业技术学院与国家产教融合型企业京东集团合作,共建京东物流"校园云仓"生产性实训基地,实行理事会领导下总经理负责制的管理模式,建立现代企业制度进行市场化运营,实现自我"造血"功能。

3. 相关启示

江苏省产教融合型城市建设、广东省东莞市职业教育集团化办学及各地方高校的成功经验表明,地方政府在推动职业教育和产业发展的深度融合方面具有重要作用。第一,地方政府应制定具有针对性的政策措施,为产教融合提供有力的法律保障;第二,地方政府应整合各方资源,实现资源共享和优势互补;第三,地方政府应加强学校和企业的紧密合作,比如支持建设具有示范意义的产教融合型企业和基地,推动产教深度融合;第四,地方政府应提高职业教育的质量和适应性,满足市场需求和产业发展需要;第五,地方政府应加强各部门之间的协调配合,形成工作合力;第六,地方政府应通过开展各种活动,激发社会各界参与产教融合的热情和创造力。

总之,地方层面的产教融合政策的成功案例给我们带来了很多启示。地方政府应制定具有针对性的政策措施、加强部门协调配合、积极推动企业和学校深度合作、激发社会各界参与热情等;同时,地方政府在制定政策时,应注重创新和探索,根据实际情况制定具有特色的政策措施。在产教融合中,政府、企业、学校等多方主体应共同参与,形成合力,共同探索与企业的深度合作以及市场化运营和管理,共同探索实践混合所有制模式,共同推动产教融合的深入发展,为地方经济社会的可持续发展提供有力支撑。

1.3.4 地方层面产教融合政策的创新与实践

地方层面产教融合政策的创新与实践可从以下几个方面展开:

1. 因地制宜制定政策

地方政府在制定产教融合政策时,应充分考虑本地的产业特色、教育资源分布以及经济发展水平等情况,制定具有地方特色的政策。例如,针对不同产业需求,制订相应的人才培养计划,推动学校和企业深度合作。

2. 加大资金投入

地方政府可以通过设立专项资金、提供财政补贴等方式,加大对产教融合的资金支持;同时,可以引导社会资本投入,形成多元化的资金保障机制。

3. 创新组织形式

地方政府可以推动学校和企业建立多种形式的合作组织,如产教融合联盟、职业教育集团、产教融合共同体等,实现资源共享、优势互补,促进产教深度融合。

4. 完善配套措施

地方政府可以出台一系列配套措施,如税收优惠、土地使用等,鼓励企业积极参与产教融合;同时,可以加强公共服务平台建设,为企业和学校提供更加便捷的服务。

5. 推广成功经验

地方政府可以总结本地的产教融合实践经验,推广成功的案例和模式,引导更多的企业和学校参与产教融合。

6. 加强国际交流与合作

地方政府可以积极开展国际交流与合作,引进国外的先进理念和经验,提升本地的产教融合水平。同时,可以推动本地企业和学校走向国际市场,提升国际竞争力。

总的来说,地方层面产教融合政策的创新与实践需要政府、企业、学校等多方主体共同参与,形成合力。地方政府应发挥主导作用,加强统筹协调、资金保障、政策创新等方面的工作,推动产业和教育的深度融合。同时,企业和学校也应积极参与,发挥自身优势,共同推动产教融合的深入发展。

1.4　行业协会与企业的产教融合政策分析

1.4.1　行业协会与企业产教融合动因与机制

行业协会与企业参与产教融合的动因:一是行业协会层面,具有丰富的行业资源和信息优势,能为产教融合提供有力支持和服务;行业协会通常关注产业发展和升级,希望通过产教融合提高人才培养质量,为行业发展提供源源不断的高素质人才。二是企业层面,企业参与产教融合的动因主要包括人才需求、技术创新和市场拓展等方面。通过产教融合,企业可以与学校共同培养符合企业需求的高素质人才,提高企业的核心竞争力;同时,企业可以借助学校的科研力量进行技术创新和产品升级,进一步拓展市场份额。相关机制包括如下:

1. 政策引导机制

政府可以通过制定相关政策,鼓励和引导行业协会和企业参与产教融合。例如,给予参与产教融合的行业协会和企业一定的税收优惠、财政补贴等政策支持,提高其参与的积极性和动力。

2. 资源整合机制

行业协会可以发挥其资源整合的优势,将企业的需求和学校的资源进行对接,促进双方的合作;同时,行业协会可以组织开展各类培训、交流等活动,提高企业和学校对产教融合的认识和参与度。

3.利益共享机制

企业与学校可以通过共同制订人才培养方案、开展实践教学等方式进行深度合作,实现利益共享。这种合作模式可以使企业在人才培养过程中获得更多的参与感和成就感,提高其参与产教融合的积极性。

4.长期合作机制

为了建立长期稳定的合作关系,企业与学校可以建立合作委员会等组织机构,负责监督和评估产教融合的实施情况。企业与学校通过定期交流和沟通,及时解决合作中出现的问题,促进双方合作的深入发展。

总之,行业协会和企业参与产教融合的动因主要包括行业发展和人才培养等方面的需求,政府可以通过政策引导、资源整合、利益共享和建立长期合作关系等机制来促进产教融合的发展。同时,企业和学校也需要积极发挥自身优势,加强合作与交流,共同推动产教融合的深入发展。

1.4.2 行业协会与企业产教融合政策与支持

近年来,我国政府出台了一系列政策措施,鼓励行业协会和企业参与职业教育和产教融合,以提高人才培养质量和技术创新水平,比如先后颁发《国务院办公厅关于深化产教融合的若干意见》《职业学校校企合作促进办法》等,明确提出了行业协会和企业参与职业教育和产教融合的要求,并给予相应政策支持。资金支持方面,政府设立了产教融合专项资金,用于支持企业与职业学校开展校企合作,包括实训基地建设、课程开发、师资培训等。同时,政府还通过其他渠道为企业提供资金支持,鼓励企业参与职业教育和产教融合。一些行业协会和企业积极参与职业教育和产教融合,探索出了成功的模式和案例。例如,中国石油和化学工业联合会与某职业学校合作,共同开设了"化工工艺"专业,通过企业与学校深度合作,实现了人才培养和企业需求的精准对接。再比如,某电子商务企业与某职业学校合作,共同开设了"电子商务"专业,将企业的实践经验和技术资源引入课堂,提高了学生的实践能力和就业竞争力。此外,一些行业组织还通过制订行业标准、开展职业技能竞赛等方式,促进产教融合的实施。

总体来说,行业层面的产教融合政策与支持情况呈现出良好的发展态势。政府、行业组织和学校都在积极推动产教融合的实施,加强人才培养与产业发展的有机衔接。随着行业发展和竞争加剧,行业协会也需要加强与学校的合作,提高从业人员的素质和能力。但行业协会参与产教融合也面临政策问题和挑战,比如,合作机制不健全,企业和学校之间的合作机制不够完善,合作过程中存在沟通不畅、责任不明确等问题;政策支持不足,虽然国家政策鼓励行业协会参与产教融合,但具体政策措施的支持力度不够,影响合作的深入开展;资源有限,行业协会自身资源和能力有限,难以满足企业和学校的多样化需求。

1.4.3　行业协会与企业产教融合政策现状与问题

政府出台了系列产教融合政策,旨在鼓励行业协会和企业积极参与职业教育和培训。这些政策主要包括:税收优惠政策、财政补贴、项目支持等。同时,一些地方政府还推出了具有地方特色的政策措施,如设立产教融合专项资金、建设产教融合园区等。据调研,行业协会与企业层面的产教融合政策现状与问题主要如下:

1.政策执行力度不足

尽管国家层面出台了一系列产教融合政策,但在实际执行过程中,一些地方政府和行业协会未能有效落实政策要求,导致政策效果不佳。例如,一些企业反映,他们并没有享受到政策的优惠,也没有得到政府的实际支持。这主要是因为政策宣传不够,企业不了解政策的具体内容;同时,政策执行过程中也存在一些困难和障碍,导致政策难以落实。

2.行业协会引领欠缺

行业协会是连接企业和学校的桥梁,但在实际操作中,行业协会的作用未能得到充分发挥。一些行业协会对产教融合的认知度和参与度不高,缺乏有效的组织协调机制,未能为企业和学校提供有针对性的服务,这导致行业协会在产教融合中的作用有限,无法有效推动政策的实施。

3.企业参与动力不足

尽管一些企业知晓产教融合的重要性,但出于种种原因,如成本效益考量、短期市场变动等,以及在资金投入、税收优惠等方面未能提供足够的支持,造成企业缺乏参与产教融合的内在动力,影响了企业参与产教融合的积极性。同时,一些企业缺乏与学校合作的经验,对产教融合的模式和路径不太了解,也影响了企业的参与度,比如有企业反映,他们没有足够的时间和精力来参与产教融合,同时也不清楚如何与学校进行合作。这导致企业无法充分利用产教融合政策,提高人才培养质量和技术创新能力。

4.合作机制不够完善

产教融合需要企业、学校、行业协会等多方主体的共同参与,但在实际操作中,行业协会和企业层面的产教融合政策缺乏健全的合作机制,各方之间的合作机制不够完善。例如,企业与学校之间的沟通渠道不够畅通,信息不对称;行业协会的协调作用未能充分发挥;政府对各方主体的引导和支持不足等;政策之间存在不协调、不配套等问题。

针对以上问题,建议采取以下措施。

一是要加强政策宣传和执行力度,地方政府和行业协会应加强对产教融合政策的宣传力度,提高企业、学校等各方主体的政策认知度。同时,应加强政策执行力度,确保各项政策措施落到实处。二是要发挥行业协会的引领作用,行业协会应积极参与产教融合工作,发挥自身的组织协调作用。例如,可以为企业和学校搭建合作平台、提供专业化的服务、制订行业标准和规范等。三是激发企业参与产教融合的动力,政府可以通过税收优惠、资金扶持等措施,激发企业参与产教融合的动力,同时,企业自身也应认识产教融合的重要性,主动参与合作,以满足自身对人力资源的需求。四是完善合作机制,各方主体应加强沟通与合作,建立健全的合作机制,例如,可以建立定期交流机制、信息共享机制、资源整合机制等,促进各方主体之间的深度合作。

行业协会与企业层面产教融合政策现状与问题需要引起重视,可通过加强政策宣传和执行力度、发挥行业协会的引领作用、激发企业参与动力和完善合作机制等措施,促进产教融合工作深入开展,为地方经济社会的可持续发展提供有力支撑。

1.4.4　行业协会与企业产教融合政策优化策略

1.发挥行业协会引领作用

行业协会可作为企业和学校之间的桥梁,帮助双方更好理解和对接需求。

行业协会通过组织开展行业人才需求调研,与当地职业院校合作,共同制订人才培养方案和课程设置计划。同时,协会还可积极推动企业与学校之间的合作交流,组织学生到企业实习实训,提供实践教学资源。此外,协会还可积极争取政府支持,为参与产教融合的企业争取税收优惠、资金扶持等政策支持。这些措施可充分发挥行业协会引领作用、激发企业的参与动力、完善政策支持体系、创新产教融合模式和加强组织管理。

2. 深化校企合作

行业协会和企业应积极与学校开展深度合作,共同制订人才培养方案,共同开展课程建设和教材开发,共享教学资源和实习实训基地,共同参与教学过程和评价等。企业是产教融合的重要主体之一,需要充分激发其参与动力。政府可以通过税收优惠、资金扶持等措施,鼓励企业积极参与产教融合。同时,企业自身也应认识产教融合的重要性,将其纳入企业的发展战略,主动参与合作。

3. 完善政策支持体系

政府可出台一系列支持产教融合政策,鼓励和引导行业协会和企业积极参与产教融合,如提供财政支持、税收优惠、金融贷款等激励措施等,也可以通过立法来规范和保障各方权益。同时,政府还可加大对产教融合成果的宣传和推广力度,提高社会认知度,进一步推动产教融合的发展。

4. 创新产教融合模式

在实践中可根据具体情况创新产教融合模式。例如,可以构建"校中厂""厂中校"等模式,实现实践教学与生产过程的有机融合;可以开展订单式人才培养、现代学徒制等模式,实现人才培养与企业需求的精准对接;还可以开展企业员工在职培训、技能提升等项目,提高企业员工的技能水平。

5. 加强产教融合组织管理

产教融合涉及多个主体和领域,需要建立有效的组织管理机制,比如:可以建立产教融合委员会或工作小组,明确各方主体的职责和权利,加强沟通与合作;可以制订具体的实施方案和计划,明确工作目标和任务,确保产教融合的有序推进;还可以建立评估与反馈机制,对产教融合的效果进行评估和反馈,及时调整和改进工作。

1.5　产教融合政策效果评估与改进

1.5.1　产教融合政策效果评估指标设计

评估指标可以根据产教融合政策的具体目标和内容进行制订,比如评估政策目标设计的明确性、具体性以及是否符合实际需求。一般可以分为投入指标、过程指标、产出指标和效果指标。投入指标主要包括政策投入的资金、人力和物力等资源;过程指标主要包括政策实施过程中的管理、协调和执行情况;产出指标主要包括政策产出的数量、质量和效益等方面;效果指标主要包括政策对经济、社会和环境等方面的影响和贡献。具体指标建议如下:

1.投入指标

(1)政策资源投入:评估政策在资金、人力、物资等方面的投入,如政府拨款、企业赞助、学校教学资源等;评估参与产教融合政策实施的人员数量、资质和经验;评估产教融合政策所使用的设施、设备、场地等资源。

(2)参与度:衡量参与产教融合的各方数量和活跃度,如企业参与的数量、学校合作的数量等。

(3)产教融合平台建设:如在线教育平台、实践基地等的建设与运营状况。

2.过程指标

主要评估政策措施落实及执行情况,评估各方参与积极性,包括执行过程中的协调、监督,以及各方在政策实施过程中的作用和贡献,指标建议:

(1)政策执行:评估政策实施的及时性、规范性和一致性。

(2)合作机制:评估产教融合过程中的合作机制是否顺畅,如信息交流机制、资源共享机制等;评估政策实施过程中的管理协调机制是否健全,是否能有效解决问题。

(3)执行效果:评估政策执行过程中是否达到了预期的效果,如合作项目的数量、合作形式等。

3.产出指标

(1)合作项目数量:评估产教融合政策实施后,校企合作项目数量是否增加。

（2）人才输出质量：评估产教融合政策实施后，毕业生质量是否提高，如技能水平、实践经验、就业率、企业满意度等。

（3）技术创新成果：评估产教融合在推动技术创新、新产品开发、成果转化等方面的成效。

4. 效果指标

主要评估政策目标实现程度，评估政策目标实现的进度、程度和实现的效果，以及效果所产生的相关影响，指标建议如下：

（1）满意度调查：对参与产教融合的各方进行满意度调查，了解他们对政策的评价。

（2）目标达成度：对比政策目标与实际效果的差异，评估政策目标的实现程度。

（3）长期效益评估：评估产教融合政策对长期发展的影响，如对行业结构的调整、对人才培养体系的完善等。具体包括：一是经济效果，评估产教融合政策对产业发展的促进、经济增长的贡献等，如企业经济效益提升程度；二是评估社会效果，评估产教融合政策对社会发展、就业、教育等方面的贡献，评估对教育质量的提升效果，评估人才供给的改善，即评估产教融合对人才供给的改善效果；三是评估环境效果，评估产教融合政策对环境保护和可持续发展的贡献。

除了以上四类指标，还可以考虑以下几个方面：

一是可持续性评估，即评估产教融合政策在实施过程中是否有足够的内外部支持，以使其在未来能够持续发展；二是风险与挑战评估，即分析产教融合政策在实施过程中可能遇到的风险和挑战，以及应对策略的有效性；三是比较分析，与其他类似的政策或案例进行比较，以更全面了解产教融合政策效果；四是案例研究，即对成功的产教融合案例进行深入剖析，提炼成功经验，为其他地区或行业提供借鉴；五是第三方评估，即引入第三方机构进行评估，以保证评估的客观性和公正性。

在具体评估时，可以根据实际情况选择相应的指标进行调查和评估，同时也可以根据实际情况进行调整和完善。通过综合分析各项指标，可以全面评估产教融合政策效果，为政策进一步优化提供依据。评估结果可以为政策制定者和执行者提供反馈和参考,帮助他们了解政策的效果和不足之处,及时进行调整和完善。同时,评估结果也可以为利益相关方提供信息和数据支持,促进产教融合深入发展。

1.5.2　产教融合政策效果评估组织实施

1. 明确评估目标

首先需明确评估目标,目标是为了了解政策的实施效果、发现问题、改进政策还是其他目的。评估目标的明确有助于确定评估范围、重点和方法。

2. 制订评估方案

根据评估目标,制订详细的评估方案,包括评估指标体系、评估方法、数据采集和分析方法、时间安排等。评估方案应具有科学性、客观性和可操作性。

3. 确定评估主体

选择合适的评估主体,可以是政府部门、第三方机构、行业协会等。评估主体应具有权威性、专业性和公正性。

4. 收集和分析数据

通过调查问卷、访谈、实地考察等方式,收集相关数据和信息。对收集到的数据和信息进行整理、分类和统计分析,以了解政策实施的效果、存在的问题和原因。

5. 撰写评估报告

根据评估结果,撰写评估报告。评估报告应客观、翔实、准确,对政策实施效果进行全面评价,提出改进建议和措施。

6. 发布与反馈

将评估报告向相关利益方发布,并听取各方意见和建议。根据反馈意见,对评估报告进行修订和完善,为政策制定和调整提供依据。

在组织实施产教融合政策效果评估时,需要注意以下几点:

一是确保评估的客观性和公正性,避免利益相关方的干扰和影响,确保评估结果的客观性和公正性;二是加强数据采集和分析的准确性,确保数据采集的准确性和分析的科学性,避免出现误导性的评估结果;三是注重评估结果的运用,

即将评估结果作为政策制定和调整的依据,及时调整和完善政策,提高政策的有
效性和针对性;四是加强与利益相关方的沟通与协作,积极与利益相关方沟通与
协作,共同推动产教融合政策的实施和优化;五是持续改进评估工作,即不断完
善和改进评估工作,提高评估的准确性和科学性,为政策制定和调整提供有力
支持。

1.5.3　产教融合政策效果评估方法

1. 比较分析法

通过比较政策实施前后的变化,分析政策效果。可以通过对比相关数据、指
标等,了解政策实施前后的差异,从而评估政策效果。

2. 案例研究法

选取典型案例,深入剖析政策实施的过程和效果,总结经验和教训,为其他
地区或行业提供借鉴。

3. 问卷调查法

通过问卷调查方式,收集相关利益方的意见和建议,了解他们对政策的评价
和满意度。通过对调查数据的分析,可以了解政策的社会认可度和实施效果。

4. 专家评估法

邀请相关领域的专家,对政策效果进行评估和分析。专家可以根据他们的
经验和知识,对政策效果进行客观、专业的评价。

5. 成本效益分析法

对政策的成本和效益进行分析,以了解政策的投入和产出的关系。通过比
较政策的成本和效益,可以评估政策的经济效益和社会效益。

在选择评估方法时,应根据评估目标和评估对象的特点,选择合适的方法。
同时,也可以根据需要,综合运用多种方法进行评估,以提高评估的准确性和科
学性。

1.5.4　产教融合政策实施效果实证分析

1. 政策实施前后对比分析

收集产教融合政策实施前后的相关数据,如企业参与职业教育的数量、质

量、投入等,以及职业教育人才培养的质量、就业率等。通过对比分析政策实施前后的情况,评估政策的实施效果。

2. 行业协会和企业反馈分析

对行业协会和企业进行调查和访谈,了解他们对产教融合政策的看法和反馈,收集他们对于政策实施效果的评价,以及对于政策进一步完善的建议。

3. 第三方评估报告分析

委托第三方机构进行产教融合政策的评估,收集其评估报告,分析第三方机构对于政策实施效果的评价,以及对于政策进一步完善的建议。

4. 经济和社会效益分析

分析产教融合政策实施带来的经济和社会效益,如对经济增长的贡献以及对就业的拉动等。通过经济模型和数据分析,评估产教融合政策实施的经济和社会效益。

5. 案例研究和示范作用分析

选取一些在产教融合方面取得显著成效的行业和企业进行案例研究,分析其在产教融合方面的成功经验和模式,以及对于其他行业和企业的示范作用。

通过以上实证分析,可对产教融合政策的实施效果进行客观评价,同时发现政策存在的问题和不足之处,为进一步完善政策提供依据和参考。

1.5.5 产教融合政策成效与建议

国家层面的产教融合政策在促进教育和产业的深度融合方面取得了一定成效,比如:政策引导作用明显,国家层面的产教融合政策为地方政府和学校提供了明确的指导方向,引导他们将更多资源投入产教融合;政策措施具有可操作性,国家层面的产教融合政策措施具体明确,具有可操作性,有利于政策的实施;政策保障充分,国家层面的产教融合政策在财政、法律和监督评估等方面提供了一系列保障措施,为政策的顺利实施提供了有力保障。

然而,也存在一些问题和挑战:一是政策落实不到位,由于各种因素影响,一些地方和学校落实国家层面产教融合政策有不到位的现象;二是企业参与度不高,尽管政策鼓励企业参与人才培养过程,但实际操作中企业参与度并不高,需要进一步探讨如何激发企业的积极性;三是资金保障不足,虽然国家层面产教融合政策的财政投入力度在不断加大,但仍不能满足实际需求,需要进一步加大投入力度。

产教融合政策是促进教育界和产业界深度合作的重要政策工具。在未来的实施过程中,政府、企业、学校和社会各界需要共同努力,加强跨界合作、注重技术创新、推动终身学习、加强国际化合作与交流等方面的工作,以实现人才培养的高质量发展和社会经济的可持续发展。相关改进建议:首先,加强政策宏观协调和体制机制创新,为产教融合提供更好的政策环境;其次,加强企业参与产教融合的激励和引导具体政策建立,提高企业参与的积极性和深度;最后,加强师资队伍建设、教学资源共享等方面的政策建立,提高人才培养质量和适应性。

综上所述,国家层面的产教融合政策在促进教育和产业的深度融合方面取得了一定成效,但仍需不断改进和完善。未来应进一步加大政策落实力度,提高企业参与度,加强资金保障等方面工作,推动产教融合深入发展。

1.5.6　产教融合政策未来发展趋势展望

产教融合政策作为推动教育与产业紧密结合、优化人才培养结构的重要手段,在经济社会发展和技术进步的推动下,未来将迎来更为广阔发展空间和深刻变化。以下是对产教融合政策未来发展趋势的展望。

1. 政策体系更加完善和系统

随着国家对产教融合重视程度不断提高,未来产教融合政策体系将更加完善和系统化。政府将出台更多细化、具体的政策措施,涵盖从顶层设计到具体实施层面的各个环节,形成政策合力,推动产教融合深入发展。同时,政府将继续加大对产教融合政策的支持力度,包括资金投入、税收优惠等方面,以鼓励和引导更多企业和高校积极参与产教融合,推动教育与产业的深度融合。

2. 深化校企合作模式创新

未来,产教融合政策将更加注重深化校企合作模式创新。政府将鼓励和支持企业深度参与职业教育和高等教育,推动学校与企业共建共享实训基地、联合开展技术研发和成果转化等。同时,探索建立校企合作长效机制,实现人才培养与产业发展紧密对接。

3.强化产教融合人才培养质量

产教融合政策将更加注重人才培养质量提升。政府将加大对产教融合人才培养投入,优化人才培养结构,提高人才培养的针对性和实效性。同时,建立健全人才培养质量评价体系,对产教融合成果进行定期评估和反馈,确保人才培养质量不断提升。

4.促进产教融合与区域经济发展融合

未来,产教融合政策将更加注重与区域经济发展融合。政府将根据不同地区的产业特色和发展需求,制定差异化的产教融合政策,推动形成各具特色的产教融合发展模式。同时,加强产教融合与区域创新体系对接,促进区域经济的转型升级和高质量发展。

5.加强国际交流与合作

在全球化和知识经济背景下,国际交流与合作对于产教融合发展具有重要意义。未来,政府将加强与国际先进国家和地区的交流与合作,引进国外优质教育资源和技术成果,推动产教融合政策与国际接轨。同时,鼓励国内教育机构和企业"走出去",参与国际竞争与合作,提升我国产教融合的国际影响力。

6.推动数字化转型与智能化升级

随着信息技术快速发展,数字化转型和智能化升级将成为产教融合发展的重要方向。政府将推动产教融合领域的数字化转型,利用大数据、云计算、人工智能等先进技术优化教育资源配置、提升教学效率和质量。同时,鼓励企业加大对智能化生产技术的研发和应用力度,推动产教融合与智能制造等领域的深度融合。

总之,未来产教融合政策将在政策体系完善、校企合作模式创新、人才培养质量提升、与区域经济发展融合、国际交流与合作以及数字化转型与智能化升级等方面呈现出明显的发展趋势。这些趋势将有助于推动教育与产业的深度融合,为我国经济社会发展提供有力的人才支撑和智力保障。

1.5.7 产教融合政策改进方向与策略建议

我国产教融合政策要适应未来经济和社会发展变化,建议从以下几个方面改进优化。

1.加强顶层设计,落实产教融合责任

加强顶层设计,明确并落实产教融合政策参与各方政府、行业、企业、职业院校在合作中的角色定位和责任,并建立"政府立法规建制度、行业定标准建平台,学校落实机制培育人才,企业建基地积极参与"各负其责的运行机制。

(1)政府在产教融合中是立法规建制度的推动者,同时也是产教融合的监督者。行政部门需要履行在产教融合过程中制订顶层设计的职责,在宏观角度构建产教融合的多项制度,并在实施过程中进行必要的监督和评估。政府在履行监督职责的过程中,还要加强对产教融合的指导作用,对其实行程度及时检测评估。在对职业教育进行评估时,要把行业企业作为领头人,政府则充当参与者的角色,主体即为职业院校,由此进行后续的来自各方机构的严格评估,制定由政府授予委托和督察并将过程和结果透明化的评价制度,促进产教融合中学校企业合作制度的制定与实施,有效提高人才培育水平。

(2)行业在产教融合中要负责制定行业用人标准,同时作为学校和企业的桥梁平台的搭建者。职业教育要服务产业、服务区域经济和国家战略,需要依靠行业制订用人标准和需求,校、企、行共同制订学校的人才培养方案及课程标准,要充分体现行业职业资格标准、行业技术标准与行业工作标准特点。

(3)职业院校是产教融合推动的主体,负责机制的落实和人才培养的实施。政府的制度、体系、体制、政策等,归根到底还是需要主体实施。行业标准和行业人才需求也需要职业院校落地。职业院校务必根据政府相关政策法规,以行业制度与实际企业需求为依据,制订运行过程中所涉及的组织架构、工作内容,建设可以确切反映产业真实发展情况和技术提升水平,以及真实生产服务的业务场景。学校需及时调节自身情况以符合企业在生产过程中的改变,以及因此而产生的需求,以最大限度地满足社会经济人才需求数量、结构等方面水平。

(4)企业要积极响应国家政策号召,主动参与。企业须充分认识深化产教融合推动人才培养、深化产业合作、技术合作、科研合作、人才交流等合作对企业发展的推动作用,提高投身于产教融合工作的积极性。企业与院校须逐步深化合作内涵,拓宽合作手段,协同做好学校人才培养与社会需求接轨的工作,并积极参与人才培育工作。

2.强化市场导向,完善政策制度体系

在高校产教融合实践中,学校与企业深度合作的最大障碍在于根本目标不同,高校的人才培养与企业追求经济效益的目标存在差异,因此,政策的制定应强化市场需求导向,使高校和企业能更好地对接市场需求,实现共同发展。我国高校产教融合的政策体系在近些年才逐渐形成,而产教融合政策的制定需要不断完善和更新,以适应新时代的发展和教育需求。政府应制定更加全面、具体的产教融合政策制度,包括税收优惠、财政补贴、项目支持等方面,同时通过制定相关制度,如教师制度、校企合作制度等,为产教融合提供制度保障,并确保相关利益得到调节与保障。另外,还需加大对政策的宣传和推广力度,提高企业和学校的政策知晓率。

3.加强资源整合,鼓励多方积极参与

政府应引导企业、学校和社会各界整合资源,形成产教融合合力。例如,通过建设产教融合园区、创新创业平台等方式,将各方资源集中起来,实现优势互补、共同发展。未来的经济和社会发展需要更多的社会参与和支持,产教融合政策需要鼓励社会各界的参与。政府可以出台相关政策,鼓励企业、学校、行业协会、中介机构等各方主体共同参与产教融合,形成多元化的发展格局。例如,通过设立产教融合专项资金、开展社会捐赠等方式,吸引更多的社会资本投入产教融合领域。尤其政府应鼓励企业与学校开展深度合作,共同制订人才培养方案、开展实践教学等。同时,产教融合政策需要注重国际合作与交流,政府可以出台相关政策,鼓励企业与学校开展国际合作,引进国外的先进理念和经验,提升产教融合水平。

4.支持创新研发,增强政策灵活优化

未来的经济和社会发展需要更多的创新和研发能力,产教融合政策需要注重创新和研发的投入支持,政府可以出台相关政策,鼓励企业与学校共同开展科研项目和技术创新,促进产学研用深度融合。当然未来的经济和社会发展都具有不确定性,产教融合政策还需要具有一定的灵活性,以适应市场的变化和企业的需求。政府可以根据行业发展和市场需求,及时调整政策措施,鼓励企业与学校开展更加紧密的合作。

5.加强监督评估,注重政策持续改进

政府应建立健全监督评估机制,对产教融合政策的执行情况进行监督和评估。同时,应加强与企业和学校的沟通与反馈,及时解决合作中出现的问题,促进产教融合的顺利实施。

产教融合政策需要适应未来经济和社会的变化,注重灵活性、创新和研发、高素质技能人才培养、国际合作与交流以及社会参与等方面的改进和调整。政府、企业、学校等各方主体应共同参与,形成合力。比如:政府应完善政策体系、强化行业协会作用、深化校企合作、加强资源整合,企业与学校应积极参与产教融合、加强实践教学,社会各界应关注和支持产教融合,形成良好的发展氛围。总之,通过各方共同努力,推动产教融合的深入发展,为经济和社会发展提供有力的人才保障。

1.6　产教融合机制研究

1.6.1　产教融合机制现状

随着社会对技能型人才需求的日益增长,产教融合作为连接教育与产业的重要桥梁,在提升人才培养质量、促进经济发展方面发挥着越来越重要的作用。然而,当前产教融合机制也面临一些亟待解决的问题。

首先,在政策支持方面,尽管政府已出台了系列鼓励产教融合的政策,但在实际执行过程中,仍存在政策落实不到位、优惠措施不够具体明确等问题。这导致部分企业和高校对产教融合的参与积极性不高,影响了产教融合的整体推进。

其次,在合作机制方面,动力机制不足是制约产教融合发展的重要因素。由于缺乏有效的激励和奖励机制,企业往往缺乏参与产教融合的动力。同时,高校与企业在合作目标、利益分配等方面存在分歧,也影响了合作的深度和广度。

再次,运行机制方面也存在一些问题。一方面,高校与企业之间的合作缺乏长期稳定的机制保障,导致合作难以持续深入。另一方面,双方之间的沟通和协调机制不完善,信息不畅、资源难以共享等问题制约了产教融合的深入发展。

最后,评价与反馈机制不健全也是当前产教融合机制面临的一个重要问题。

缺乏科学有效的评价标准和方法,导致评价结果难以客观反映产教融合的实际效果。同时,评价结果的应用不够充分,对改进产教融合工作的指导作用有限。

1.6.2 产教融合机制内涵

1. 产教融合动力机制

产教融合动力机制构建是产教融合实施的前提,主要解决各方参与主体的利益诉求和动力问题。产教融合动力机制是一个复杂而多元的系统,主要来自市场需求、人才培养、技术创新等多个方面。

首先,市场需求是产教融合的重要驱动力之一。随着经济的不断发展,产业结构和市场需求不断变化,对人才的需求也呈现出多样化和高标准化的特点。企业为了应对市场竞争和产业升级,急需引进和培养具备高技能、高素质的人才。而学校作为人才培养的摇篮,需要与市场需求保持紧密对接,通过与企业合作,了解产业发展趋势和人才需求,调整和优化专业设置和课程安排,培养符合市场需求的高素质人才。

其次,人才培养是产教融合的另一个核心驱动力。学校与企业通过产教融合,可以实现资源共享和优势互补。企业需要高素质的技术技能人才来推动产业发展,而学校则需要通过与企业合作来提高人才培养的质量和适应性。学校可以借助企业的实践平台和技术资源,为学生提供更丰富的实践机会和更真实的工作环境,帮助学生将理论知识与实际操作相结合,提高实践能力和创新精神。而企业则可以通过参与人才培养过程,引进和培养符合自身需求的人才,为企业的可持续发展提供有力的人才保障。

此外,技术创新也是推动产教融合的重要力量。随着科技不断发展,新技术、新工艺不断涌现,对产业发展和人才培养提出了新的挑战。学校和企业通过合作开展技术创新活动,可以共同研发新技术、新产品,推动产业升级和转型发展。同时,技术创新也可以带动人才培养模式的创新,推动教育教学的改革和发展。

产教融合动力机制主要通过政府、企业、学校和行业等多方参与、协同合作,实现资源共享、优势互补,推动产业和教育共同发展,建议可从以下几个方面入手:

（1）明确参与各方的利益诉求：产教融合涉及政府、企业、学校、学生等多个主体，各主体参与的动力来自于利益诉求的满足。因此，在构建动力机制时，需要深入了解各主体的利益诉求，在此基础上制定相应政策、措施，激发各主体参与产教融合的动力。

（2）建立利益共享机制：产教融合的成功实施需要各主体之间的利益共享，实现共赢局面。因此，需要建立利益共享机制，明确各主体在产教融合中的权益关系，保障各主体的利益诉求得到满足。

（3）打造命运共同体：产教融合的参与各方应该形成一个命运共同体，共同关注人才培养、产业发展等问题，共同承担风险和责任，共同分享利益和发展成果。通过打造命运共同体，可以增强各主体之间的信任和合作，形成长期稳定的合作关系。

2. 产教融合运行机制

产教融合运行机制主要包括合作模式、组织架构、运行管理等方面。在合作模式方面，可以采取订单式人才培养、共建实训基地、共同研发项目等多种形式。在组织架构方面，可以建立由政府、企业、学校和行业等多方参与的组织机构，负责协调各方利益关系、推进产教融合的实施。在运行管理方面，需要建立有效的沟通协调机制，明确各方职责和权益，制订科学合理的管理制度和工作流程，确保产教融合的顺利进行。运行机制的构建是产教融合实施的核心，主要解决如何有效运行的问题。要构建有效的运行机制，需要从以下几个方面入手：

（1）建立高效组织架构。要构建有效的产教融合运行机制，首先需要建立一个高效的组织架构。这个架构应由政府、企业、学校和行业等多方参与，形成一个紧密合作的联合体。政府应发挥引导作用，提供政策支持和资金扶持；企业应积极参与人才培养和技术研发，提供实践平台和实习机会；学校则应发挥教育资源优势，与企业共同制订人才培养方案，开展教学活动。在这个组织架构中，应明确各方职责和权益，建立科学合理的管理制度和工作流程。通过制订详细的合作协议和章程，明确各方在产教融合过程中的权利、义务和利益分配，确保合作顺利进行。

（2）创新多元化合作模式。产教融合合作模式应该根据具体情况进行选择和创新。除传统的订单式人才培养、共建实训基地等模式外，还可以探索更多的合作形式。例如,企业可以设立奖学金或助学金,支持学校优秀人才培养;学校可以与企业共同开展科研项目,推动技术创新和产业升级;行业组织可以发挥桥梁纽带作用,促进校企之间的交流与合作。这些多元化的合作模式有助于实现资源共享、优势互补,提高人才培养质量和效率。同时,也有助于推动产业发展和技术进步,实现教育与产业的深度融合。

(3)建立有效沟通协调机制。在产教融合实施过程中,各方之间的沟通和协调至关重要。因此,需要建立有效的沟通协调机制,确保各方能够及时沟通、解决问题和推动合作,比如:可以建立定期沟通会议制度,让各方代表能够定期交流工作进展、分享经验和解决问题。同时,也可建立信息共享平台,方便各方及时获取和发布相关信息,加强信息流通和共享。

3. 产教融合保障机制

产教融合保障机制主要包括政策法规、资金投入、师资力量等方面。保障机制的构建是产教融合实施的重要保障,主要解决如何保障产教融合顺利实施问题。要构建有效的保障机制,需要从以下几个方面入手:

(1)政策法规保障。政策法规是产教融合得以顺利推进的重要基石。政府应出台一系列政策法规,明确产教融合的地位、目标和任务,为产教融合提供法律保障。这些政策可以包括税收优惠、资金扶持、项目审批等方面的内容,以激发企业参与产教融合的积极性。同时,政府还应加强对产教融合工作监管和评估,确保各项政策得到有效执行。

(2)资金投入保障。资金投入是产教融合工作得以实施的重要物质保障。政府应加大对产教融合的资金投入力度,支持实训基地建设、师资培训、课程开发等关键领域。此外,还应引导社会资本进入产教融合领域,形成多元化的投入机制。通过设立产教融合专项资金、引导金融机构提供融资支持等方式,为产教融合提供稳定的资金来源。

(3)师资力量保障。师资力量是产教融合工作得以成功的关键因素。学校和企业应共同加强师资力量的建设,提高教师的专业素质和实践能力。一方面,学校可以引进具有丰富实践经验的行业专家和企业技术人员担任兼职教师或客座教授,为学生提供更为贴近实际的教学内容;另一方面,学校可以鼓励教师深入企业实践,了解企业需求和技术发展动态,提高教师的实践能力和教学水平。

同时,学校和企业还可以共同开展师资培训项目,提高教师的产教融合能力和创新意识。

(4)质量监控保障。质量监控是确保产教融合工作取得实效的重要手段。学校和企业应建立完善的质量监控体系,对产教融合的实施过程进行全程监控和管理。通过设立专门的质量监控机构、制订详细的质量监控标准、开展定期的质量检查和评估等方式,确保人才培养的质量和效果。同时,还应建立有效的反馈机制,及时收集和处理各方面的意见和建议,不断改进和完善产教融合工作。

4.德国双元制合作机制借鉴

德国双元制合作机制是一种以企业为主导,学校与企业紧密合作,共同完成职业教育任务的制度。下面从动力机制、运行机制和保障机制三个层面,剖析德国双元制合作机制,以便更加深入地理解其成功原因及对我国职业教育的启示。

(1)动力机制层面:德国双元制合作机制的动力主要来自企业、学校、政府和社会等方面。企业作为职业教育的直接受益者,希望通过与学校的合作,获得具备专业技能和职业素养的人才,以满足其生产和发展需求。学校则希望通过与企业的合作,提高教育教学的针对性和实效性,培养出更符合市场需求的人才。政府则通过立法和政策扶持,鼓励和支持企业参与职业教育,推动双元制合作机制的发展。社会对于职业教育的高度认可和尊重,也为双元制合作机制提供了良好的社会环境。

(2)运行机制层面:德国双元制合作机制的运行机制主要包括招生与培训、教学与考核以及就业与反馈等环节:招生与培训环节,学校和企业共同制订招生计划,明确培养目标和课程设置,确保学生培养质量;教学与考核环节,学校负责理论教学,而企业则负责实践教学和技能培训,双方共同制订考核标准和评价体系,确保学生掌握必要的技能和知识;就业与反馈环节,学校和企业共同关注学生的就业情况,提供必要的职业指导和帮助,并根据市场需求和学生反馈,不断优化和调整培养计划和课程设置。

(3)保障机制层面:德国双元制合作机制的保障机制主要包括法律法规、政策扶持、资金投入和师资保障等方面。德国政府通过制定《职业教育法》等法律法规,明确学校、企业和政府在职业教育中的权利和义务,为双元制合作机制提供法律保障。政府还通过提供税收优惠、资金补贴等政策扶持,鼓励企业参与职业教育。此外,德国还建立了完善的职业教育师资培训体系,确保职业教育师资的质量和水平。

德国双元制合作机制带给我们如下相关启示:

一是企业主导。在双元制中,企业承担着主要的培养任务,学生大部分时间在企业进行实践操作和技能培训,企业拥有较大的教育自主权,同时也承担着较大的教育责任。企业不仅为学生提供实践机会,还负责传授实用的知识和技能,通过实际工作场景让学生掌握专业技能和知识。

二是学校与企业紧密合作。双元制中学校与企业之间合作关系紧密。学校为企业提供理论知识和教学支持,协助企业完成培养任务;企业则为学生提供实践机会和培训资源,与学校共同制订培养计划和课程设置。这种紧密合作机制使得学校与企业的教育资源得到充分利用,提高了人才培养的效率和效果。

三是共同的职业教育目标。双元制的目标是共同培养高素质的专业技能人才,满足社会和经济发展的需求。学校和企业共同制订培养目标、课程设置和教学计划,确保学生在学校学到的知识和在企业掌握的技能相互补充、有机融合。同时,学校和企业还共同参与职业资格标准的制订和评估,确保人才培养的质量和水平。

四是政府推动与支持。德国政府在双元制的合作机制中发挥着重要的推动和保障作用。政府通过立法明确学校与企业的权利和义务,制定相关的政策和法规,为双元制的实施提供法律保障。政府还提供财政支持,对参与双元制的企业给予一定的税收优惠和资金补贴,鼓励企业积极参与职业教育。

总之,德国双元制合作机制充分利用了学校和企业教育资源,提高了人才培养的效率和效果,为德国经济和社会发展提供了有力的人才保障。

1.6.3 产教融合机制主体要素

产教融合机制的主体要素主要涵盖了政府、行业、企业以及职业院校等多元参与者。这些主体在产教融合的过程中各自扮演着重要的角色,相互协作,共同推动着产教融合机制的有效运行。

首先,政府在产教融合中发挥着主导和推动作用。政府通过制定政策、提供资金支持和搭建平台等方式,为产教融合创造良好的外部环境和条件。政府还需协调各方利益,确保产教融合工作顺利进行,并推动相关法规的完善,为产教融合提供坚实的法律保障。

其次,行业在产教融合中扮演着桥梁和纽带的角色。行业组织能够协调政府、企业和职业院校之间的关系,促进信息的沟通和交流。行业还可以根据市场需求和产业发展趋势,为产教融合提供方向和指导,推动人才培养与产业需求的紧密对接。

再次,企业是产教融合机制中的重要参与者和受益者。企业通过与职业院校的合作,可以获得符合自身需求的高素质人才,提升企业的竞争力和创新能力。同时,企业还可以借助职业院校的科研力量和教学资源,开展技术研发和创新活动,推动企业技术进步和产业升级。

最后,职业院校则是产教融合机制的核心实施者。职业院校通过与企业合作,共同制订人才培养方案和课程标准,开展实践教学和实习实训等活动,实现教育与产业的深度融合。职业院校还需要根据市场需求和产业发展趋势,不断调整和优化专业设置和课程体系,提高人才培养的质量和适应性。

政府、行业、企业和职业院校是产教融合机制的主体要素,它们各自扮演着重要的角色,相互协作,共同推动着产教融合机制的发展和完善。这些主体要素需要实现真正的互通与互融。政府、行业、企业和职业院校之间需要建立起紧密的合作关系,共同制定产教融合的发展规划和实施方案,明确各自的职责和角色,形成合力推动产教融合的发展。同时,还需要建立起有效的沟通机制和协调机制,及时解决合作中出现的问题和矛盾,确保产教融合机制能够持续、稳定运行,确保产教融合机制能够发挥最大的效益,推动教育链、人才链与产业链、创新链的有机衔接。

1.6.4　产教融合机制构建原则

产教融合机制构建原则是要确保机制运行的有效性和可持续性,同时促进各方利益的均衡和共赢。以下是构建产教融合机制时应遵循的几项主要原则。

1. 合法合规原则

产教融合机制构建和运作必须严格遵守国家法律法规和相关政策,确保各方主体的行为合法合规。任何合作形式、资源调配和利益分配都不得违反法律法规,保障各方的合法权益,防止产生法律风险。

2. 适应性原则

产教融合机制应紧密结合地方产业发展需求、职业教育改革方向以及社会经济环境的变化。不同地区、不同行业、不同教育层次应有针对性地构建产教融合机制,确保机制能够灵活适应各类变化,有效促进地方经济和教育事业共同发展。

3. 自愿平等原则

产教融合机制应建立在各方自愿参与、平等合作基础上。政府、企业、学校等各方应秉持平等互利态度,通过协商、谈判等方式达成共识,形成稳固的合作关系。任何强制或不平等的合作方式都不利于产教融合机制的长期发展。

4. 互利共赢原则

产教融合机制的核心目标是实现政府、企业、学校等多方主体的互利共赢。通过合作,各方能够共享资源、优势互补,共同推动人才培养、科技创新和产业升级。政府可获得税收、就业等方面的收益,行业可以提升整体竞争力,企业可以获得所需人才和技术支持,学校则可以提升教学质量和就业率。

5. 开放包容原则

产教融合机制应具有开放性和包容性,欢迎各类主体积极参与。不同领域、不同背景、不同模式的合作形式都应得到支持和鼓励。同时,机制内部应形成宽松、和谐、积极的合作氛围,鼓励各方主体进行深入交流和合作。

6. 动态调整原则

产教融合机制是一个动态发展过程,需要随着外部环境和内部条件的变化进行适时调整。各方主体应建立有效的沟通机制和反馈机制,及时发现问题、解决问题,不断完善和优化机制的运行方式和效果。

7. 互通互融原则

产教融合要求各方在合作过程中实现互通互融。这包括信息互通、资源共享、文化融合等方面。通过加强沟通与交流,各方可以更好地理解彼此需求和优势,形成更加紧密的合作关系,推动产教融合向更深层次发展。

总之,在构建产教融合运行机制时,应综合考虑以上原则,确保机制既符合法律法规要求,又能适应实际情况,实现各方互利共赢和互通互融。同时,还应注重机制的灵活性和可持续性,以便根据实际情况进行调整和优化,确保产教融合能够持续、稳定地运行。

1.6.5　产教融合机制构建内容

产教融合机制构建是促进产教深度融合、推动职业教育与产业发展紧密结合的重要保障。为了确保产教融合机制有效运行,需建立一系列运行机制,以协调各方利益、明确责任义务、推动资源共享和合作发展。

首先,应构建制度保障机制,完善相关政策的制定和实施,确保产教融合在法律法规的框架内进行。这包括创新产教融合模式,制定并不断完善产教融合方式和制度,为产教融合工作提供前提保障。

其次,建立综合工作协调机制,确保参与各方能够顺畅沟通、协调合作。通过定期会议、互访、互学、互动等方式开展联络,共同制订工作计划和目标,形成共同的发展愿景。

此外,专业建设工作机制、师资队伍建设机制、实训基地建设机制等也是构建产教融合机制的重要组成部分。这些机制旨在实现专业设置与产业需求对接、课程内容与职业标准对接、教学过程与生产过程对接,同时加强师资队伍建设,提升教师的实践能力和企业经验,共建校内外实训基地,提高学生的实践能力和职业素养。

同时,还应构建人才培养工作机制,将人才培养作为产教融合的共同目标。通过政、行、校、企各方的共同参与,制订科学合理的人才培养计划,明确各方的责任和义务,确保人才培养的顺利进行。

另外,技术研发、推广及社会服务合作机制的建立,也是产教融合机制重要组成部分。学校和企业应利用各自的科研和实践优势,共同开展技术研发、推广和社会服务活动,推动技术创新和产业升级。

最后,为了保障产教融合工作的顺利开展和各方利益的公平体现,需要构建工作质量评价和激励机制。通过定期评价、结果互评、自我监督等方式,对产教融合工作进行全面评价,同时设立奖励基金、建立激励机制,表彰在产教融合工作中做出突出成绩的单位和个人。

总之,产教融合机制构建是一个系统工程,需要政府、行业、企业、学校等多方共同参与和努力。通过不断完善和创新各项机制,推动产教融合深度发展,促进地方经济和职业教育的共同繁荣。

1.6.6 产教融合机制构建制度保障

产教融合机制构建离不开完善的制度保障,这是确保各方积极参与、深度合作的重要基础。为有效推进产教融合,建议从以下几个方面强化制度保障:

1. 强化政府政策导向,确保长效发展

政府应明确职业教育在人才培养中的核心地位,制定与区域产业发展相协调的职业教育规划。针对不同地区的产业特色,合理调整职业教育的层次和学科结构。同时,定期发布区域产业经济发展报告,为职业院校提供人才培养的方向和依据。此外,政府应发挥行业组织的协调作用,出台相关政策措施,激励企业积极参与职业教育,形成校企合作的良好氛围。

2. 搭建多元参与平台,促进深度合作

为有效推进产教融合,各级政府和行业组织应搭建政、行、校、企共同参与的产教融合平台。从宏观层面,建立决策平台,由政府主导,联合教育部门、行业组织、重点企业共同制定产教融合发展规划;从中观层面,建立交流合作平台,如产教联盟、职教集团等,促进产业链上的各方资源共享、合作共赢;从微观层面,推动职业教育体制机制改革,实现专业共建、人才共育、就业共促、发展共谋的目标。

3. 完善法治环境,保障权益落实

法治环境的完善是产教融合的重要保障。应制定相关法律法规,明确各方在产教融合中的权利和义务,保障各主体作用的充分发挥。同时,建立行业组织协调机制,弥补政府管理和市场调节的不足,形成政府、市场、社会协同推进的产教融合格局。

4. 多元化经费保障,提升教育投入

职业教育的高成本特性决定了必须建立多元化的经费保障机制。政府应加大投入力度,同时引导和支持行业企业、社会力量参与职业教育。通过财政、金融等优惠政策,激发多元主体参与职业教育的积极性。设立产教融合专项基金,为校企合作提供资金支持,推动产教融合向纵深发展。

5.建立评价机制,确保质量提升

为有效评估产教融合的成果,需建立科学、公正的评价机制。引入第三方质量评价体系,由政府、行业、企业共同组成评价机构,对职业院校的办学质量和服务经济社会发展水平进行客观评价。将评价结果与院校绩效挂钩,激励院校积极开展产教融合。同时,建立企业参与职业教育的评价机制,将企业在职业教育中的贡献纳入社会责任报告和信用评级体系,推动企业积极履行社会责任。此外,政府还应加强对产教融合工作的监督检查,制定具体标准进行评估,对优秀单位和个人给予奖励,对存在问题的单位进行整改或处罚,确保产教融合工作的顺利开展。

总之,产教融合机制构建的制度保障需从政策导向、平台搭建、法治环境、经费保障和质量评价等多个方面入手,形成政府主导、行业协调、企业参与、院校实施的多元化合作格局,共同推动产教融合向纵深发展。

1.6.7　产教融合机制创新策略

新时代背景下,职业教育作为培养高素质技能人才的摇篮,其产教融合机制的创新显得尤为重要,相关机制创新策略建议如下:

1.以产业需求为导向,优化人才培养结构

职业院校应紧密结合区域产业经济发展和企业用人需求,深入剖析专业岗位对人才的具体要求,包括专业技能、专业素质和需求人数等。通过深入调研,制订符合产业发展趋势的人才培养方案,确保人才培养与市场需求无缝对接。同时,采取灵活的产教融合合作机制,如订单式培养、短期实习、学徒制教育等,使学生在实践中提升技能水平,更好适应产业发展需求。

2.加强产教融合实训平台建设

实训平台是提升学生技能水平的关键环节。职业院校应加大投入力度,与企业合作共建先进的实训基地或平台,确保实训设施与产业发展同步甚至超前。同时,加强产业科学技术发展调研,及时掌握行业专业发展最新动向,引导学生学习最新技术和标准,提高技能水平。

3.构建办学联盟、职教集团及共同体,实现资源共享

通过组建办学联盟、职教集团或各类共同体,将职业院校、行业、企业、科研

机构等各方优势资源有效整合,形成全新的职业教育平台。通过共建共享教师、课程资源、实训平台等,实现互惠互利,推动职业教育整体水平的提升。例如,可以借鉴重庆现代服务业职教集团成功经验,通过章程约束成员单位的行为,定期召开会员大会研讨人才培养机制与方案,共同开发课程,开展科研合作等。

4. 探索混合所有制办学模式,深化产教融合

混合所有制办学模式是实现产教融合可持续发展的重要途径。通过引入社会资本,与企业共同建设生产性实践基地、培训中心等,形成紧密的合作关系。企业和学校共同承担风险并分享权益,实现利益共享、风险共担。同时,政府应加大对公办职业院校的政策扶持力度,明确资产和资金管理体系,为混合所有制办学提供有力保障。

5. 关注政策动态,及时调整创新策略

随着国家对职业教育重视程度的不断提高,相关政策也在不断完善。职业院校应密切关注政策动态,及时调整产教融合创新策略。例如,根据国家关于产教融合、校企合作的最新政策要求,加强与企业的沟通合作,争取更多的政策支持和资源倾斜。同时,结合学校实际情况和区域产业发展特点,制订更具针对性的产教融合实施方案。

总之,产教融合机制创新是推动职业教育发展的关键所在。职业院校应以产业需求为导向,优化人才培养结构;加强实训平台建设;构建办学联盟、职教集团各类共同体;探索混合所有制办学模式;并关注政策动态以调整创新策略。通过这些措施实施,可以有效地提升职业教育的人才培养质量和社会服务能力,为经济社会发展做出更大贡献。

第2章
产业学院发展研究

2.1 产业学院发展概述

2.1.1 产业学院发展演变

产教融合、校企合作是职业教育基本办学模式,体现了职业教育的显著类型特征。国家层面曾先后出台了系列制度安排与激励政策来刺激职业教育产教融合快速发展,但从现实发展情况来看,进展并不理想,校企合作还处于浅层次、低水平状态,产教融合还存在松散式、"两张皮"现象。究其原因,学校和企业双方未真正找到利益结合点,教育的供给侧和产业的需求侧还无法同频共振,也没有健全、完善的平台载体及有效机制作为实施保障。伴随经济全球化及人类社会不断进步,新一代信息技术、科技全面融入推动数智化大发展,衍生了一批批新技术、新工艺和新方法,催生了系列新的行业和职业。高等教育及区域社会经济、产业高质量发展始终离不开技术革新与产业发展充分融合,产教融合已成为推动高等教育高质量发展的国家战略。

为解决现实中高等教育产教融合机制不健全、主体职责不明,学校和企业一头热一头冷、人才培养质量与社会需求严重脱节、职业教育社会认可度不高等系列问题,教育部办公厅、工业和信息化部办公厅印发《现代产业学院建设指南(试行)》,明确产业学院是校企共建的以产业需求为导向的育人平台,是高校融入技术革命与创业发展的助推器。部分院校不断探索校企共建产业学院,为推动产教融合、校企合作找寻新的平台和载体。

国外产业学院最早可追溯到英国所倡导的"产业大学",其实质是一种利用互联网及线上资源面向企业发展或个人就业提供的学习平台。新加坡早期提出建立"教学工厂",在学校搭建生产性项目场景,学生全程参与实践和体验。该模式以学校投建为主,企业参与较少,成本投入较大,和社会企业需求对接有偏差,技术及产品的更新也不及时。日本早期有以企业为主的"企业大学",企业有自己的技术培训机构用于内部员工技术技能培训。该模式有效降低了企业人才长期流动带来的不稳定性和高成本,但难以满足国家及地方在行业或产业层面规模化、专业化人才培养的需求。相较而言,德国的"双元制"人才培养及运行体系、机制都比较成熟,被很多国家借鉴利用。如加拿大的"应用技术学院",英国卡梅伦政府扶持的"新学徒制时代",美国"社区学院"和奥巴马政府力推的"项目群"等都可以作为产业学院的借鉴和参考。

我国早在晚清洋务运动时期就开展了一系列与工业技术教育相关的实践活动。例如1880年在天津创办的北洋电报学堂,这是中国历史上第一所工业技术学校。中华人民共和国成立后,天津创设的"半工半读"技术教育模式被推向全国。成都大学旅游文化产业学院创建于1994年,辽宁大学于2004年充分整合教学资源成立了轻型产业学院。在学界,"产业学院"最早出现在覃晓航1998年针对广西高等教育所写的《广西民族高等教育发展试探》论文中,建议参考美国社区学院"以变应变、措施灵活"等特征,创办一所学制两年左右的民族产业技术学院。概括起来,产业学院发展大概经历了初步探索、快速成长及内涵式发展三个阶段。

(1)初步探索阶段:主要指2006—2011年。例如,浙江经济职业技术学院与浙江物产集团参考借鉴国际集团创办产业大学相关经验,于2006年成立的产业学院应属国内最早由学校和企业联合共同创建的产业学院。2007年浙江经济职业技术学院的教师发表论文,结合所在学校开展的探索与实践,根据校企合作运作形式及岗位空间区域集聚度,率先提出把产业学院作为校企深度合作的载体,认为产业学院是校企产学研一体化深度合作、互动双赢的校企联合体,并建议分为集成式、连锁式、多点集成式(即产业学院分院制)三种类别。

(2)快速成长阶段:主要指 2012—2019 年。例如,2012 年广东中山职业技术学院,结合"一镇一品"专业镇经济特点,联合政府及支柱企业,共同打造了古镇灯饰学院等四个与区域产业经济高度融合的"专业镇产业学院",并迅速成为标杆和示范。借此,广东省各高职院校都把产业学院建设看作深化产教融合、校企合作的关键路径,纷纷联合企业共同挂牌创办产业学院,整体呈现起步早、覆盖广、总量大的发展趋势。国务院发布的《关于深化产教融合的若干意见》文件提出"产业学院"概念,自此产业学院研究与实践掀起高潮。经调研,78.9% 的产业学院始建于 2018 年。

(3)内涵式发展阶段:伴随 2019 年《国家职业教育改革实施方案》及 2020 年《现代产业学院建设指南(试行)》系列文件的印发,产业学院如雨后春笋般蓬勃发展,其模式、机制、路径等备受关注。2021 年 5 月宣布成立的中国现代产业学院平台将现代产业学院内涵建设的相关标准、规范、流程及质量评价要求等逐步进行明确,产业学院建设逐步从规模发展走向内涵式高质量发展阶段。

2.1.2　产业学院政策动态

1. 政策萌芽阶段(2005—2014 年)

此阶段国家对职业教育重视程度逐渐提升,开始探索校企合作新模式。政策主要聚焦于推动职业教育发展,鼓励学校与企业深度合作。关键政策包括:2005 年,国务院印发《关于大力发展职业教育的决定》,提出推动校企合作,建成前校后厂的校企合作办学实体,校企共建二级学院。这些"办学实体"和"二级学院"被视为产业学院早期雏形;2014 年,国务院印发《关于加快发展现代职业教育的决定》,首次在职业教育领域提出"混合所有制"概念,为产业学院发展奠定了理论基础。这些政策为产业学院发展奠定了初步基础,推动了校企合作初步尝试,为后续政策推动阶段提供了方向。

2. 政策推动阶段(2015—2017 年)

此阶段政策开始明确提出探索混合所有制办学,鼓励企业和公办高等职业院校合作举办具有混合所有制特征的二级学院,以进一步推动产教融合、校企合作。关键政策包括:2015 年,教育部印发《高等职业教育创新发展行动计划(2015—2018 年)》,明确探索混合所有制办学,鼓励企业和公办高等职业院校合作;2017 年,党的十九大提出"深化产教融合、校企合作"的发展战略,为产业学院的发展提供了更高层面的政策支持。以上政策为产业学院发展提供了更为明确的指导和支持,推动了混合所有制办学的实践探索,为产业学院设立和发展创造了有利条件。

3. 政策落地阶段(2018—2020 年)

此阶段政策开始具体化,提出建设产业学院的目标、原则、任务等,并开始有具体的政策措施落地。2018 年,伴随"产业学院"概念正式提出,调研发现78.9%的产业学院始建于这一年,证明了国家加强职业教育政策的指引力度。政策不仅关注产业学院设立,还关注其运行机制和效果评估。关键政策包括:2019 年,国务院印发的《国家职业教育改革实施方案》中提出深化产教融合、校企合作,扶持并鼓励企业及社会力量积极参与举办各类职业教育;教育部、财政部联合印发《关于实施中国特色高水平高职学校和专业建设计划的意见》("双高计划"),要求组建职业教育集团,推进实体化运作,吸引企业联合建设产业学院;《教育部办公厅等七部门关于教育支持社会服务产业发展,提高紧缺人才培养培训质量的意见》提出鼓励和职业院校以混合所有制、股份制等形式共建产业学院;2020 年,教育部办公厅、工业和信息化部办公厅印发《现代产业学院建设指南(试行)》等文件,明确提出产业学院是集人才培养、技术创新等功能于一体的示范性人才培养实体,并详细阐述了建设现代产业学院的目标、原则、任务及立项程序等。这些政策为产业学院的设立和发展提供了明确的指导和支持,推动了产业学院快速发展。同时,政策还关注产业学院的运行机制和效果评估,为产业学院的质量提升提供了保障。

4. 政策完善阶段(2021 年至今)

此阶段政策更加完善,不仅关注产业学院的设立和运行,还关注其与社会力量的合作和资源共享。政府对于产业学院的支持力度进一步加大,推动了产教融合和校企合作的深化。关键政策包括:2021 年,中共中央办公厅、国务院办公厅印发《关于推动现代职业教育高质量发展的意见》,要求推动校企共建共管产业学院、企业学院,延伸职业学校办学空间;2023年6月,国家发展改革委、国务院国资委等8个部门联合印发的《职业教育产教融合赋能提升行动实施方案(2023—2025年)》文件中,强调积极支持并规范产业园区、知名企业等社会力量与职业院校深度合作,共建、共管产业学院和企业学院。这些政策为产业学院与社会力量的合作提供了更为明确的指导和支持,推动了产教融合和校企合作的深化。同时,政策还关注产业学院的资源共享和协同发展,为产业学院的高质量发展提供了有力保障。

综上所述,产业学院的政策演变路径是一个从萌芽到推动,再到落地和完善的过程。政策的不断演进为产业学院建设和发展提供了有力支持,推动了产教融合和校企合作的深化,有助于培养适应市场需求的高素质技术技能人才,推动区域经济和社会的持续发展。

2.1.3 产业学院创生逻辑

伴随人类文明不断发展变化,人类知识产生、发展的规律也在不断发生变化,先后形成了知识生产模式Ⅰ、知识生产模式Ⅱ、知识生产模式Ⅲ。古希腊时期,哲学家将知识分成不同学科,大学是生产知识的单一主体,该阶段知识产生基于各学科标准体系内专业、纵深、系统化发展,该阶段被定义为知识生产模式Ⅰ。伴随人类文明不断进步发展,学科之间壁垒不断加深,限制了知识发展,有学者尝试基于应用跨学科研究,该阶段"大学、政府、产业"成了知识生产主体,被定义为知识生产模式Ⅱ。伴随工业4.0时代来临,经济全球化和人类社会持续发展推动社会各类资源不断交融,跨业界的新职业不断涌现,越来越多的呼声要求知识要应用于实际生产,教学要应用于生产实践,教育要面向越来越多的大众,我国政府提出了要发展以人民为中心的教育,该阶段知识生产呈现了多主体、跨业界、多模式等特征,"大学、政府、产业、公民社会"成了知识生产主体,被定义为知识生产模式Ⅲ。该生产模式蕴含着政府主导、多方参与,产业、教育深度融合,共同成为知识生产的多元主体。

社会人才需求的跨界复合型与知识生产跨学科多模式形成现实耦合,推动人才培养改革与创新。新知识不断迭代产生并被有效应用推动着社会进步,也使得社会各行各业对人才技能的需求呈现跨界、复合型等特征,这一切又倒逼高校持续深化产教融合,推动人才培养模式及内容改革,促进知识生产模式适应新时代发展特征及要求。产教融合成为职业教育发展战略,产业学院是职业院校深化产教融合的新型载体,是国家系列产教融合政策驱动创新的一类新型办学组织。伴随国务院办公厅《国务院办公厅关于深化产教融合的若干意见》及教育部办公厅和信息化部办公厅《现代产业学院建设指南(试行)》等文件的印发,产业学院逐渐走向内涵式发展新阶段。

2.1.4 产业学院运行逻辑

现代产业学院运行逻辑离不开学科、专业及课程的一体化构建,其中,学科实指专门知识体系,是一个科学领域概念;专业实指专门职业或学业,是一个社会学概念;课程源于学科,是专业的基本单元,是一个教育学概念,是职业教育教学改革的关键任务。学科通过课程影响专业,同时现代产业学院人才培养又需要突破传统学科知识体系,以专业群为单位,基于市场产业链、岗位链、技术链重构项目任务驱动的课程及内容体系,将职业精神、工程伦理、管理规范、企业文化等有序融入人才培养规格、标准,以及教学的组织、实施和效果评价,培养学生专业技能,同时强化专业创新与服务的意识和能力。

现代产业学院的主体结构及其市场属性,决定了产业学院的治理体系及人才培养体系不能完全沿用传统学校二级学院运行和治理模式,比如:人才培养目标、定位、课程体系、教师队伍、培养模式及运行管理等方面都需要突破传统学科知识体系,充分融合行业及市场相关技术与服务元素。课程教学内容及教学资源需要基于企业生产性项目重构。专业教师一方面要有丰富专业及学科专业背景,另一方面需要有丰富的企业项目生产经历和经验。产业学院应制定相关政策制度鼓励并引导校企骨干双师坚持双岗互通、双向流动。

由于多元主体的价值和利益诉求多元,现代产业学院的运行离不开多元主体的治理结构、多重融合的制度及保障体系。比如:学校和企业可以联合成立产业学院校企合作董事,搭建校企协同治理组织结构,制定产业学院章程,建立与现代大学制度相适应的现代产权制度、校企联席会议制度等。校企共同组建产业学院教学指导委员会,建立校企联合培养人才的运行管理机制。产业学院需充分发挥现代大学制度防火墙、缓冲器作用,现代产权制度通过与现代大学制度的有效匹配、融合、筛选及过滤,多元主体参与构建的积极要素较好地融入现代大学制度体系,确保产业学院运行既符合市场逻辑,又符合高等教育的逻辑。

2.1.5　产业学院组织属性

国务院办公厅 2017 年印发的《国务院办公厅关于深化产教融合的若干意见》中明确要求鼓励并支持企业依托或联合职业院校、高校设立产业学院。国家发改委、教育部、工信部、财政部等六部门联合印发的《国家产教融合建设试点实施方案》文件中提出,为深化产教融合、校企合作,促进产业链、创新链与教育链、人才链有机结合,推动教育优先、人才引领、产业创新、经济高质量发展,以及各项工作之间相互协同、融合、贯通并有效促进,鼓励积极探索以城市作为发展节点、以行业作为发展支点、以企业作为重点的产教融合改革新路径。美国高等教育研究者弗莱克斯纳曾指出企业需要大学原因之一:因为大学训练了适用于任何领域的智慧。

产业学院主要服务于区域产业集群发展,具有区域性、跨界性、系统性和发展性等属性,其资源配置及常规运行管理,既要遵循学校基本教育教学规律和教育的公益性属性,履行职业教育体系中传统二级教学单位的人才培养、技术创新、社会服务等相关职责,更要遵循市场规律,遵循企业基本市场逻辑和盈利属性,跨界整合政府、行业、社会及相关学校、企业资源,系统构建治理结构、制度体系、运行管理体系及质量保障体系。校企携手共同促进产业学院和学校师生发展,共同打造校企利益共同体、情感共同体和价值共同体,实现产业学院既定目标。相较于以往以学校为实际组织和实施的传统校企合作模式,现代产业学院组织属性中,企业是直接利益相关者,应作为产业学院的真正组织者、参与者和实施者,是对产业学院治理逻辑及相关行为决策起到主体性和决策性的治理主体和利益主体。总体而言,产业学院组织属性中市场属性特征比较明显,并将持续刺激、影响产业学院运行逻辑。

2.2　产业学院内涵特征

2.2.1　产业学院内涵

1.认识产业集群

参考 1990 年由美国学者迈克尔·波特在《国家竞争优势》一书中提出的产

业集群观点,产业集群内涵可理解为:一群地理位置相邻近的企业和相关法人机构基于产业的关联性、共同性、互补性,以及专业技术、人才和信息彼此共享等特征所积聚形成的群体。

2. 产业学院内涵

(1)学界观点。伴随职业技术教育蓬勃发展,以及国家系列政策文件落地,应运而生的各类产业学院如雨后春笋般蓬勃发展,其模式、机制、路径等备受学界关注。2021 年 12 月,教育部公示了首批现代产业学院名单,全国有来自 49 所高校的 50 个产业学院入选。相关学者就产业学院的研究维度主要聚焦在产业学院内涵、生成逻辑、建设模式、治理结构、运行机制等。有关产业学院"是什么"的相关定义,学术界有二级学院、办学机构、发展模式及新型组织等相关观点和说法,对产业学院内涵认知有基地观、实体观、模式观、机构观、平台观、组织观、学院观等。百花齐放的学术观点及研究成果丰富了现代产业学院的内涵,为产业学院探索与实践奠定了一定的理论基础。综合学界观点可以归纳为:产业学院指高校以服务区域产业集群为宗旨,以应用型技术技能人才培养为核心,以全面提升高校服务区域特定产业能力和水平为目标,高校与行业、企业、地方政府等用人单位或组织,融合资金、专业、平台、基地、人才、管理等多种合作资源及要素,共同组建的以行业应用型专门人才培养为主,兼有企业员工培训、科技研发、社会服务、创新创业、文化传承等多功能的二级学院或以二级学院机制运作的办学机构。

(2)创建形成。产业学院合作创建模式多种,其创建动因主要基于两个因素,一是外部社会及区域经济发展和产业转型发展需求,二是高校内部自我发展需求。产业学院建立主要依托学校和企业的专业、技术、场地、设备及人力资源等优势,充分整合产业集群所在地政府、行业及知名企业等资源,紧紧围绕人才培养、科技创新、社会服务等方面逐步深度、全面拓展,尤其强调各方资源跨行业及专业的交叉融合,相互优势互补、取长补短,强调其与区域产业的全方位、全要素的深度匹配、关联及融合,具有办学开放性、主体多元性、产业针对性、资源融合性、功能耦合性、利益共享性等具体特征,其人才培养理念、制度选择集合和制度服务需求等方面的改变是产业学院形成的重要条件,多方利益契合和地方政府推动是产业学院形成的直接动力。产业学院各办学主体职责明确是基础、利益契合是核心、健全制度保障是关键,主体之间既是利益共同体,更是情感和价值共同体。

(3)中国特色。我国"产业学院"与英国"产业大学"有本质区别,更倾向于德国"双元制"和美国"合作教育"。中国特色的产业学院办学模式具有功能目的服务性、办学模式合作性和教学内容职业性的特点,有特定产业服务对象和功能,注重资源整合和治理平衡效应,能有效实现人才培养目标与职业资格标准相对应、课程内容与企业技术发展相一致、学历证书与职业能力证书相结合、课程标准与职业技能标准相融合,完美诠释产教融合要旨。产业学院作为新时代高等教育深化产教融合、校企合作的一种新型办学载体,充分整合政、校、企、行四方联动资源,面向产业发展,以校企纵深结合为脉络推动专业群建设,以产业实际生产所需的工艺、流程、技术、管理、服务及质量保障为教学科研内容,具有服务某一特定产(企)业功能,是一种合并融合、"纵向一体化"的校企互融共建发展模式,是一种多功能融合、多元多主体合作的新型办学实体,是引领高校主动面向并服务于行业及区域产业经济的关键举措,是解决人才培养供给和产业需求"两张皮"的组织抓手,是培养高层次复合型人才的重要途径,是产学合作培养技术技能型人才的一种有效探索,是职业教育的一条基本规律,也是世界各国职业教育实践的基本经验,更是中国特色制度的创新。

2.2.2　产业学院特征

相较而言,产业学院更多遵循产业逻辑,更强调市场作用,其发展主要基于产业发展和市场需求为导向,主要强调环境及资源的应用价值和市场转化潜能,以及通过技术技能培养为市场经济发展所作的具体贡献度。具体而言具有如下特征:

(1)主体多元性:产业学院强调合作主体在专业、技术、场地、设备及人力等各方的资源优势及互补,多主体之间通过功能耦合、资源共享、利益契合等因素,各发挥所长又各司其职,共同建立协同融合机制,构建利益开放格局,最终打造多元、生态校企命运共同体。

(2)指向内生性:相较于传统二级学院,产业学院更注重区域产业转型升级及经济发展等现实及未来需求,具有明显的区域及产业针对性。产业学院既要尊重教育教学及人才成长的基本规律,但更要突破传统二级学院只注重学历教育及评价的单一教育教学模式,从人才培养的标准、方案、计划到实施过程,以及教师、教材、课程资源建设和质量保障管控等方面需全面依附于产业、服务于产业,有较强的针对性和适应性。

(3)跨界融合性:现代产业学院基于产业集群的产业链、岗位链人才需求复合型特点,多以新一代信息技术作为基座,在学科相近的基础上针对区域产业集群跨类基于产业链组建。基于现代产业的人工智能技术属性和社会属性高度融合特点,人工智能技术与学校传统专业跨学科融合构建"人工智能+"专业群,信息智能产业、传统产业和教育领域实行跨业界融合创新"人工智能+"人才培养模式,智能信息技术课程与传统专业课程的跨平台融合重构"人工智能+"课程体系,跨学科、跨业界、跨平台及跨专业类型培养学生"人工智能+"复合型技术技能,打破传统"各自为战"壁垒,推动各方资源优势互补、强强合作,实现专业发展与产业需求紧密融合。

(4)互动共赢性:产业学院可一直紧紧围绕人才培养、科技创新、社会服务等方面逐步深度、全面拓展,尤其强调各方资源跨行业及专业的交叉融合,相互优势互补、取长补短,最终形成共商、共建、共管、共享的开放办学格局和校企命运共同体。其合作维度从原来单一的教学或就业合作逐步转向为"招生就业、教育教学、科研创新、社会服务、文化传承"等多维度。合作维度横向拓宽同时,其合作深度也在逐步加剧,从原来的浅表层合作转向"你中有我,我中有你"的深度融合。合作对象由原来的校企合作转向校企、校地、校校等多元主体。合作目标从原来"工学结合、学用结合"的校企人才或技术服务互补对接满足,逐步转向为"产、教、研、创、赛、证"等多方位的互融、互惠、互利融合。

2.2.3 产业学院意义

1.推动以市场需求为导向的人才培养改革

产业学院作为职业院校一种新型的办学形态,对深化产教融合、校企合作办学机制,创新人才培养模式,推动高质量人才培养体系改革,将产生重要又深远的意义。职业教育是一种"跨界"教育,需面向产业集群人才需求开展跨学科、跨专业培养,培养过程既要遵循教育教学规律,又要遵循市场及职业发展规律,其中基于生产场景传授知识、技术及规范始终是职业教育的逻辑起点。通过产业学院建设,可充分发挥地缘、业缘及行业资源优势,依托产业链、岗位链、技术链建设专业群,行业、企业各方资源可充分介入职业院校人才培养过程,共同研究人才培养方案、标准、内容、师资、教法、评价及相关条件保障资源,提升人才培养质量,一体化推动人才培养、科学研究、技术创新、社会服务、创新创业及职业教育文化宣传推广,全面有效推动以市场需求为导向的人才培养改革。

2. 有效服务区域产业及社会经济发展

产业学院源于产业、根植于产业并服务于产业,是职业教育打造校企命运共同体的孵化器、助推器和转化器。"产业"蕴含了有别于传统的高等教育办学模式,是实现专业设置与产业需求对接、课程内容与职业标准对接、教学过程与生产过程有效对接的必然依托和现实基础,体现了职业教育依托产业并服务于区域产业的办学理念。高校通过产业学院建立,可以常态化对接区域社会、经济及产业发展需求,开放式开展产教融合协同育人,针对性培养适应区域产业经济发展的高素质技术技能人才。产业学院可充分发挥双主体办学功能、优势及积极性,其办学主要针对区域产业集群办学并服务于区域产业经济,有较强的区域针对性,可有效增强知识和信息传播的空间黏性,提升职业教育社会美誉度和认可度,具有一定的推广价值。

2.3　产业学院功能定位

产业学院作为职业教育推动产教融合的一个新型载体,将专业群紧密对接产业集群,搭建了一个学校和行业及知名企业之间零距离沟通并能实质性参与的平台。其功能定位除了承载区域高素质技术技能人才培养、行业应用型产品的研究与推广、社会服务及文化传承等功能,还为职业院校现代学徒制人才培养模式及内容的创新改革、产学研创一体化的教科研平台搭建,双师骨干教师培养等环节改革提供了具体的针对性支撑和保障,确保学校培养人才更具有针对性和适用性,有效服务区域产业及社会经济发展。具体功能如下:

1. 为人才培养模式创新改革提供沟通协作平台

产业学院为人才培养创新改革提供了开放式沟通与协作平台。曾有机构调研显示,学生职业能力欠缺是学生就业难的关键问题之一,而在高校原传统封闭式环境下很难开展人才培养模式改革。产业学院可将专业紧密对接产业发展前景,将人才培养规格紧密对接社会职业岗位标准,将实验实训环境紧密对接生产性项目场景,学生在提升专业技能的同时增强了对社会、企业、职业及岗位的认同感,所培养的人企业用得上、留得住、可培养。学校和企业可围绕共同目标,通过产业学院协同组织校企内外专家团队,结合行业发展动态科学规划学校专业发展建设,创新现代学徒制人才培养模式,比如校企可以共同研讨:如何课程模块化重构岗课证赛创融通的课程体系,如何模块化重构课程培养目标、内容等。校企骨干双师共同开展教育教学研究与改革,重点研究人才培养目标、标准、内容、教法、学法及评价保障等方面如何系统性开展"三教"改革,如何设计真实生产性的学习任务及场景,针对性培养行业需要的高素质技术技能人才。

2. 为现代学徒制落地实施提供有效载体

现代学徒制通过校企深度合作主导人才培养,即校企共同设立人才培养标准、方案、实施计划及评价体系,教师和师傅可联合结对面向学生传承技术技能,是一种现代人才培养模式,但现代学徒制在实施过程中也是需要有合作载体,通过载体才能有效畅通校企协同育人机制,否则校企合作始终会呈现"两张皮"现象。产业学院作为校企双主体联合共建的办学实体,在遵循教育规律同时遵循市场规律,校企共建共管模式可以为现代学徒制提供良好的治理保障。

3. 为产、学、研、创一体化提供教科研阵地

结合职业院校的办学定位,校企联办的产业学院可以承担行业、企业新技术、新规范、新标准的推广、应用及创新。产业学院可充分利用学校和企业设备、项目及团队资源优势,搭建集企业产品研发、校企师资员工培训、学生实习就业一体化的生产性教学科研平台。一方面学校和企业可以基于平台组织学生实习实训零距离对接企业生产性项目环境,提升学生专业及就业能力;另一方面通过行业最新技术的应用研究、产品孵化及推广,助力企业发展,提升学校和企业的创新能力和服务区域产业能力。

4. 为校企骨干双师团队提供双岗互通互动桥梁

从某种角度而言,职业教育质量和水平提升关键取决于师资队伍的整体水平和能力,产业学院可以较好地为校企骨干双师团队提供双岗互通、互动桥梁。一方面职业院校教师要培养好人;另一方面还要积极开展行业技术咨询服务。

尽管国家及地方政府出台了系列关于职业教育师资培养政策,并开展了大量人才队伍建设落地相关工作,但职业教育师资始终是高职院校发展中的一个比较突出的瓶颈,主要是学校的公益性逻辑和企业逐利性逻辑冲突背景下,学校和企业骨干团队基于两个主体、两个冲突逻辑实践很难融为一体。产业学院可以从治理结构、治理机制、治理方案、治理文化及治理评价都以校企共建的产业学院目标和宗旨重新一体化建构,学校和企业深度融合,校企骨干通过产业学院这个桥梁,双岗互通、双向流动,分批分期蹲岗校企一线,项目制方式合作,教学科研能力得到锻炼提升。

2.4　产业学院办学模式

根据合作共建产业学院对象划分,产业学院办学模式可归类为校企合作模式、校行合作模式和校地合作模式等。

1. "学校+企业"共建模式

校企共建模式指学校和一家或多家企业合作共建产业学院。学校主要提供专业、师资、场地、基础设施设备等资源,企业主要提供资本、设备、师资、项目、技术等资源进行合作,共同培养人才、研发项目、开展教职工培训等。该模式是目前全国最多的产业学院合作模式,典型案例有深圳讯方技术公司和江西应用技术职业学院共同建立的讯方技术学院,武汉华中数控公司、海克斯康测量公司和九江职业技术学院共建的智能制造与智慧检测学院等。

2. "学校+行业"共建模式

校行合作模式主要指学校和一家或多家知名行业协会联合共建产业学院。该模式充分应用了行业协会的技术标准、企业会员及资源对接平台,合作方式主要是学校和行业牵头组织,具体由行业协会会员企业对口学校落实。比如中国通信工业协会下设虚拟现实专委会和江西工业贸易职业技术学院联合共建产业学院、台湾中华海峡两岸教科文交流学会与福建武夷山学院共建玉山健康管理学院等。

3. "学校+政府"共建模式

校地共建模式主要指学校和地方政府及所辖园区联合共建产业学院。该模式充分应用地方政府、园区及科研所的产业集群优势、产业招商平台及师资、设备、项目资源有效对接优势和学校联合共建,共同提升办学内涵及质量。典型案例有广州科技贸易职业学院响应广州市教育局、开发区发起的关于把广州市产教融合示范区建成"国家一流产教融合示范基地"等相关号召,与产业园、开发区及部分支柱行业企业携手成立了"广州开发区科学城产业学院"。福建武夷山学院与武夷山市政府联合共建朱子学院,共同研究打造了"朱子文化节""海峡论坛""武夷书院讲坛"等朱子文化传播品牌。

曾有学者对江苏省 2020 年和 2021 年共入选的 30 个省级重点产业学院分析,其中校企合作共建产业学院有 16 个,占比约为 53.3%;校地合作(含地方政府、园区及科研所等)共建产业学院有 11 个,占比约为 36.7%;校行共建产业学院 3 个,占比约为 10%。单从江苏所评选的 30 个产业学院分析,合作对象不限于一家单位,校、政、企、行混合型合作比较多,比如常州工学院的电机产业学院由江苏雷利电机公司、常州神力电机公司、常州祥明智能动力公司、江苏智能微电机产业技术创新战略联盟等联合共建;盐城工学院的新能源学院由盐城市人民政府、大丰区人民政府、江苏金风科技有限公司、华能江苏能源开发有限公司、国家电投集团等联合共建。由此可以看出,目前产业学院主要由政府在主导、行业组织积极参与,而学校和企业是产业学院设立的实际组织者、实施者和责任承担者。

2.5 产业学院动力机制

1. 社会责任感和国家政策强力引领

职业院校担负着服务区域产业经济及社会发展需求使命,承担培养高素质技术技能人才重任,是一项公益事业。产业学院作为职业院校深化产教融合、校企合作的重要载体,其建设和发展始终离不开学校和企业通力合作。基于两种不同逻辑及规律的校企双元主体要有较强的使命感和责任感才能相互信任、配合,否则会经常陷于眼前利益而相互计较、博弈。国家出台了系列政策及制度,为产业学院建设发展做了系列宏观引导和激励。

2. 资源高度整合共享作为强力推动

产业学院作为学校深化产教融合、校企合作的重要载体,可有效地整合学校、企业及社会设备、项目及师资团队资源,提升学校的办学实力和各类设备设施资源的利用率。学校通过资源共享开展人才培养及科学研究,企业通过资源共享开展员工培训、技术应用产品培育、孵化及推广。资源高度集聚、共享是产业学院的重要抓手和强劲推力。校企基于共享资源,有效将传统要素驱动及效率驱动转换为创新驱动,推动校企协同开展科技创新,拓展更大发展空间并获取更多社会及市场资源。

3.人才培养无缝对接作为重要目标

为区域产业经济及社会服务培养专门性人才是建设产业学院重要目标之一。产业学院可有效对接行业、产业及企业相关用人需求、用人规模、用人标准及前沿技术等信息,有效解决人才培养规格、教学内容及教学方法与市场需求脱离现象,有效地带动专业建设及课程建设改革。通过产业学院,一方面学生零距离参加企业生产性项目实习实训,熟悉企业岗位真实生产场景、流程及规范,强化并提升了专业能力、方法能力和社会能力,对自我未来职业发展规划有了全面认知;另一方面产业学院根据行业用人需求,针对性组织在职员工进行学历、技能及管理能力提升,满足行业及企业用人需求。

2.6　现代产业学院发展思考

各级政府、各类高校及相关社会组织经过多年的大胆探索,创新成立了各类产业学院并取得宝贵经验。一方面这些探索重塑了学校整体办学定位;另一方面改革了传统办学体制;另外创新了学校应用型人才培养模式。比如粤港澳大湾区及长三角地区的高校,面向国家和区域产业经济发展战略需求,聚焦新兴产业创办产业学院,推动相关专业集群建设,其办学目标融入了区域社会经济及产业发展,其人才培养定位指向了培养新兴产业所需的复合型创新应用人才。相关产业学院在重塑办学定位的基础上大胆创新人才培养模式,校企联合开发产教融合型课程、探索项目驱动任务引领的教学改革,校企合作编写新型活页式教材。办学体制改革方面,产业学院积极探索多主体协同治理模式,制定了产业学院章程,探索理事会或董事会下的院长负责制,产业学院下设教学综合办公室、专业教研室、实习实训部等。

从目前全国现代产业学院培育比较集中的江苏、广州等城市分析,产业学院发展与当地政策及财政制度保障是密不可分的,其长效发展离不开国家及地方政府的大力支持,更离不开企业和学校内部宏观规划及现实政策制度保障。当然,还有部分高校的产业学院还停留在"挂牌子"现象,实际运行主要还是以学校单方面购买服务方式,内部机制还无法支撑校企协同打造利益及命运共同体。

产业学院是一项事关国计民生及社会经济发展的社会公益事业,也是一项关乎广大师生的教育事业,还是一项传承匠心、匠德、匠艺的文化事业,其建设发展及改革都需要站在国计民生及区域产业经济发展高度,系统谋划布局。第一,要围绕产业学院宏观战略规划,强化政策及制度顶层设计,弥补政策空白,提供政策制度保障;第二,理顺多元主体产权及权责结构,成立董事会,制定产业学院章程,推行董事会下的院长负责制;第三,加强对产业学院合作企业激励政策制定,充分调动企业建设产业学院积极性;第四,在明晰政府职能前提下,充分发挥市场化资源配置的作用,减少政府资源供给依赖;第五,构建常态化的沟通协调机制,成立产业学院联席会制度,对产业学院经验、问题及时梳理、沟通、反馈并积极协调解决。

1. 核心:明晰人才培养的职责定位

一是坚持育人为本。构建学校、政府、行业、企业、科研院所等互相协作、优势互补、资源整合、开放共享的协同育人体系。共建主体要形成育人是产业学院建设与发展的首要职责、对人才培养和成长成才负有共同责任的共识,在此基础上共建的产业学院必须坚持立德树人根本任务,推动学校人才培养供给与产业需求紧密对接、联动发展,培养符合"当地离不开、行业都认可"的高素质技术技能人才,支撑和引领区域产业高质量发展。

二是打造优势特色专业(群)。共建产业学院要围绕国家战略和区域发展产业和技术领域,紧扣产业转型升级需求、岗位典型工作任务或专业之间内部关系,建立健全专业(群)动态调整机制、协同发展机制、可持续发展机制,动态调整专业构成,系统改造升级专业(群)内涵,持续优化评价方式,合力打造专业与产业对接吻合、具有显著识别度和影响力的高水平专业(群),来示范、引领和推动应用型高校、职业院校专业(群)建设与发展的综合改革。

三是创新人才培养模式。共建产业学院为学校与行业、企业等主体创建了共同的话语平台,有利于推动制订适应产业需求的专业人才培养方案、重构课程体系,有利于推动课程内容与企业标准对接,加快课程教学内容迭代,有利于推进产业学院"引企入校""引企入教",组建现代学徒制班、订单班等,实施启发式、探究式等教学方法改革和合作式、任务式、项目式、企业实操教学等培养模式综合改革,促进教学过程与生产过程对接、人才培养与产业需求融合。如南京工业大学成立了"2011 学院",从 2013 年起面向全国招收本科生,推行全程导师制,设立常任导师、学业导师、专业导师、学长导师、书院导师,为学生的成长、成才提供全天候、个性化的指导和服务。

2.基础:契合主体各方的利益取向

一是主体多方互利共赢。产业学院成立必须满足利益主体认同,即每个利益相关方的获益水平持续改进,主体各方尽量做到区域内就近原则,方便解决运行过程中信息不对称问题。同时,区域的接近也为双方资源共享创造了良好条件,可为双方节约大量的教育、研发、实验和人才招聘成本;也能够使企业在社会声誉、公共关系方面受益,而更愿意为学生成为企业员工的保障和待遇加大投入。学生也能够清晰地感受到产业集群良好的发展前景,对未来的职业生涯充满信心并激发学习热情,从本质上契合了学生、高职院校和企业三方的共同利益取向。

二是打造融合发展共同体。产业学院要切实服务企业人才需求,在主体各方充分沟通、目标达成高度一致的基础上,形成互惠共赢的合作共同体,政府须充分发挥牵线搭桥、政策引导的媒介作用;企业对高职院校人才培养体系、结构、模式等方面积极探索和参与;学校要紧扣产业发展需求,将专业(群)建设、技术技能人才培养、教师专业化发展、科学研究与社会服务、学生实训实践和创新创业等功能有机融合,真正形成主体各方"你中有我、我中有你"的协作命运共同体。

三是赋予产业学院建设与运行管理的自主权。各产业学院根据产业、专业特色和合作协议实际,发挥"一院一制"产业学院建设与运行管理的自主权,赋予产业学院发展与改革所需的独特人权、事权、财权,推行共同管理、共建专业、共设基地、共组团队、共享资源、共创成果、共育人才、共担责任,实现多方共赢、互惠互利。

3.关键:强化融合发展的协同功能

一是融合人才培养。产业学院是创新型、紧密型的校企工程教育联盟,是产教融合育人新模式和新平台,产业学院建设的初衷是培养与产业吻合度高的技术技能人才,为学生创建一种高阶性的学习模式,培养学生在企业真实的场景下发现问题并探索解决方案,将思政教育、双创教育、文化传承融入到专业教育、课程建设和教材建设全过程,引入职业、行业技术标准和"1+X"职业技能等级证书标准,把人才培养融入研发过程,把企业教育性资源引入教学过程,加强学生职业素养和专业能力培养,使高校应用型人才培养目标与业界人才需求实现同频共振,缩短供需落差、学用落差,满足产业快速发展对高水平应用型人才的需求。

二是培养"双师型"教师队伍。产业学院要把师德师风作为教师评价的第一标准,可通过引进和使用机制,采用"双岗双职、双向流动、兼职取薪"组建教学创新团队和科技创新团队,采用年薪制、柔性引进、科技项目制等举措,加大领军人才引进和产业教授、技能大师选聘,实行更加积极、更加开放、更加有效的人才政策,协同培养青年教师成长,解决教师在教学、科研和生活中遇到的问题;聘请企业经理、创业人士、农村专业合作社带头人担任创业实践指导教师,形成一支理念先进、示范引领、规模合理的创新创业导师团队。

三是助力产业转型。江苏省重点产业学院发展路径表明,产业学院建设出发点和立足点是推动人才链与产业链、创新链融合,以产业和区域经济社会发展需求为导向,以国家和省级重点专业(群)为骨干,精确分析学校专业链与产业链、创新链的对应关系,提高人才培养、科研服务与社会需求的契合度,突出产业学院特色优势,明确服务定位和发展方向,着力解决人才培养供给与产业需求的结构性矛盾。

4.基石:健全保障有力的制度体系

一是健全政策制度支持。在政府主导下,形成了政、校、企多元主体投资共建的格局,建议尽快立法确定产业学院法人属性,明确独立法人地位;构建面向校、企"双主体"的治理体系,成立双方共同参与的理事会和教学委员会,协同建立合作运行机制、协同制订人才培养目标、协同确立学生质量标准、协同建设课程教学内容、协同编写应用型教材、协同构建教学师资队伍、协同搭建实践训练平台、协同完成学生考核评价。二是参与主体平等协作。联合地方政府、行业、企业、科研院所等多元主体协同,组建产业学院理事会,明确理事会职责、参与主体各方的权利义务,形成产业学院"共建共商共治"管理运行与保障机制,落实产业学院建设主体责任,建设规范科学、保障有力的产业学院理事会章程和制度体系,产业学院建设与组织管理由学校校企合作办公室统筹协调,各产业学院配备相对稳定的教学团队负责产业学院具体教学工作,开展产业学院专业建设、人才培养、科研服务、实训实践、创新创业等工作,形成常态化教学、管理、服务等工作机制。三是创新校企协同机制。产业学院加强顶层设计,系统谋划,协同推进,形成上下联动、横向合作、合力推进的工作格局,创新产业学院人事制度、绩效分配、财务资产管理、教科研管理,科学调整岗位设置,修订完善现有岗位设置和考核办法,建立健全重实绩、重贡献、重人才的分配机制,完善内部治理体系,实现学院重点领域信息公开,提升教育透明度和公信力。

第3章
产业学院命运共同体探究

3.1　产业学院命运共同体概述

3.1.1　产业学院命运共同体政策与理论基础

1.政策依据

党的十八大报告首次明确提出要倡导"人类命运共同体"意识,该意识蕴含着"平等互信、合作共赢、包容互鉴"等有关人类社会的新理念、新思想,旨在寻求共同的利益和价值。校企命运共同体既是"人类命运共同体"意识在职业教育领域的新实践,更是职业教育大力发展的关键途径。2019年国务院印发的《国家职业教育改革实施方案》,教育部、财政部发布的《关于实施中国特色高水平高职学校和专业建设计划的意见》,教育部等九部门印发的《职业教育提质培优行动计划(2020—2023年)》等文件中,多次强调将深化产教融合、构建校企命运共同体,要求厚植企业承担职业教育责任,推动学校和企业形成命运共同体。新时代,职业教育被赋予新的历史使命,打造校企命运共同体的核心在于校企资源互补、合作共赢、共生发展,强调利益共享、价值共认、责任共担、情感共鸣、文化共育等,是各职业学院培育优质人才的必然路径,也是地方区域产业转型升级的必然选择。

2."共生"理论

有学者指出,校企命运共同体理论源于德国生物学家 Anton De Bary 1879 年首次提出的"共生"概念。该概念最早被应用于生物学物种领域研究,指两种或多种不同物种生物之间有营养性的物质联系,并以某种模式相互依赖生存,主要强调"生存"问题,指不同生命体依托某种物质相互作用形成一种共生共存并相互抑制的联结关系。该理论先后被应用于社会学、管理学、教育学等多领域,主要用于探索相关事物之间如何共处共进以及如何共担共享的生存关系,核心在于"合作",重在强调"分工""利益"和"发展"问题,即如果不共生其发展可能受阻甚至竞争力都有可能丧失,其本质是通过共生主体之间的合理分工,有效平衡合作与竞争关系,获得应有效益,达到可以延续的共生共存状态。

"共生"理论研究范式包括:共生单元、共生模式、共生环境。共生单元是共生体的基本构成单位和物质条件,可以通过质参量和象参量的特征及系列细分指标进行描述,其中质参量反映的是共生单元内部性质,象参量体现的是共生单元外部特征。不同共生体或不同层次的共生关系,共生单元的特征和性质各有差异。共生模式也被称为共生关系,指共生单元相互结合相互作用的具体形式,包括作用方式、强度,以及共生单元之间的信息及能量传递转化关系。共生环境指共生单元除外的所有物质、信息和能量交互的载体,是共生模式的运行环境,比如:政策、人文、制度、市场环境等,包括共生界面和共生能量。共生界面指生单元之间的接触方式和机制,共生系统创造产生的新能量成为共生能量,直接反映共生单元、模式及环境之间的效果与稳定性,主要用于共生单元的数量及效率优化。共生模式根据共生组织可分为点共生、间歇共生、连续共生及一体化共生;根据共生行为可分为寄生、偏利共生、对称互惠共生以及非对称互惠共生。

3.1.2 产业学院命运共同体内涵

校企共建产业学院,可为行业有效提供人才、技术咨询、培训及社会服务,并能针对性服务于前沿技术和产品的应用研发与推广,校企双方在目标和利益上存在耦合;而产业学院的创建离不开政府的系列政策及制度等相关环境支持。政府、学校和企业可以理解为不同利益相关者之间的共生关系,三者能有效形成协同融合机制,营造共生环境,交换信息和能量并及时创生新的能量。参照"共生"理论,可将现代产业学院所打造的校企命运共同体内涵理解为:校企共生单元通过某种校企共生模式,在校企共生环境影响下,基于共生界面协同共建缔结而成的一种相互促进又相互影响的共生共存关系,强调校企双方"责任共担、利益共享、发展共进",校企合作既要关注多元主体短期利益,又要关注校企双方风险、声誉及未来价值发展与推广等,整体契合"共生"理论所强调的"共处、共进、共享"的生存关系。

产业学院命运共同体与"共生"理论的契合性具体体现在以下两个方面:一是产业学院的协同共建过程与共生理论中所蕴含的事物发展基本规律契合。产业学院多元主体协同共建过程主要指不同利益主体,通过一定媒介达成协作共建产业学院关系,形成协同共建系统并均衡发展。二是产业学院的协同共建模式与共生理论所强调的系统演化所遵循的"资源共享、优势互补、互利互赢"基本原则相似,产业学院协同共建模式体现"4 多",即多主体协同-多机制联动-多要素协同-多模式推动,最终形成校企互惠共生模式。

3.2 产业学院命运共同体框架构建

借鉴参考共生理论,产业学院校企命运共同体的相关共生要素框架,如下图所示。

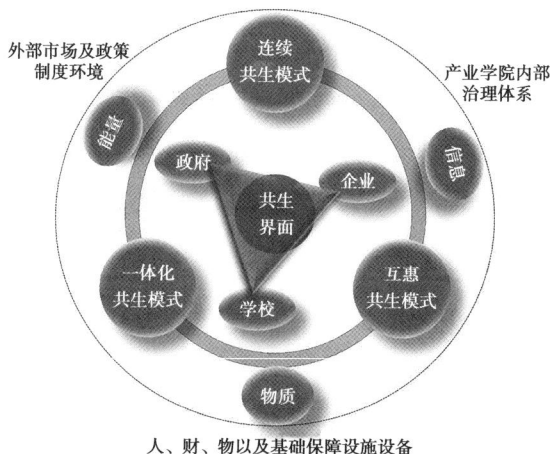

人、财、物以及基础保障设施设备

3.2.1　产业学院共生单元

产业学院共生单元指产业学院物质连接关系中的各参与主体,即利益相关者。产业学院利益相关者比较广泛,包括政府、学校、企业、教师、学生、家长以及行业协会等。结合米切尔等学者提出的利益相关者理论,可将产业学院"人民"范围重点聚焦到学校和企业双主体范畴,其中学校要关切师生未来,满足学生和教师的根本利益。产业学院的发展离不开政府相关系列政策保障与支持。由此可以界定产业学院共生单元主体主要指政府、学校、企业,三者的结合不是简单组合,而是真正意义上的融合,是一种互补合作关系。三者在产业学院协同共建过程中,除了承担传统职能,还要在融合共生的新系统中扮演新角色承担新任务,发挥着动力生产和交换作用,协同构建产业学院共生系统,促进共生关系持续发展。各共生单元主体之间如果分工合作得好,能有效发挥优势互补,共生能量效应会呈正相关性增长趋势;若三者关联度不高,甚至彼此缺乏信任产生敌对心理,其共生能量会呈现负相关损耗趋势。

3.2.2　产业学院共生模式

产业学院共生模式指在产业学院系列有形或无形共生环境影响下,共生单元之间彼此结合并相互产生影响的形式,是对各共生单元之间的联系方式及强度,以及物质信息交流和能量交换的最为直观的反映。目前产业学院校企协同共建仍处于探索阶段,各共生单元参与主体间的紧密程度及质量各不一样,产业学院共生模式呈现多样性。其中,协同共建过程中的点共生组织模式和寄生共生行为模式,意味着共生单元各主体之间的相互作用有较大的不稳定性或不确定性,一方主体与另一方主体之间存在依附关系,是一种双边单向交流机制,不利于寄主进化;间歇共生组织模式和偏利共生行为模式是一种双边双向交流机制,共生单元各主体之间因为投入、产出及利益分配失衡,一方有收益一方可能无收益,当有收益方依赖协同共建的共生系统,进一步创新进化时,而非获利方无补偿机制时,可界定为此共生模式对非获利方不利,从而导致协同共建过程中偶尔出现合作间断现象;连续或一体化共生组织模式和互惠行为共生模式指共生单元各主体之间分工合理,在相对独立履职基础上又能基于共生界面双向优化,充分发挥多元主体之间的资源互补优势。显而易见,连续性互惠共生模式才能充分发挥共生单元各主体优势互补、互惠互利,积聚共生能量,契合现代产业学院协同共建内涵,可有效打造校企命运共同体。而点共生模式、寄生共生模式以及间歇共生模式和偏利共生模式能较好地诠释目前产业学院协同共建过程中"一头热一头冷"现象及现实问题,难以打造产业学院校企命运共同体。

3.2.3 产业学院共生环境

共生环境由共生系统中除共生单元以外的所有因素组合,是共生系统的外部条件,对共生单元和模式的影响主要通过物质、信息、能量等因素。产业学院校企命运共同体的共生环境既包括外部的市场环境和政策环境等,比如职业教育法律法规、政策制度、区域产业经济规划及发展现状、社会对职业教育的认可以及社会媒体对职业教育的宣贯等因素,又包括内部的产业学院的治理结构、章程、人事、教科研相关规章制度、实施细则及绩效考核评价体系等因素,还包括产业学院内部的人、财、物以及基础设施设备等有形资源。共生环境对共生模式影响有正向、中性甚至反向,从而会推动或阻碍共生单元各主体之间关联程度的正向促进作用或反向阻碍作用。共生环境可能受国际国内甚至产业学院内部治理体系的影响,有一定的波动或不稳定性,但总体而言,好的共生环境有助于共生模式正向演化,可有效促进共生单元各主体之间良性互动,提高校企命运共同体协同共建过程中各共生单位之间的共生度,提高共生界面中的物质、信息、能量的传导性,有助于构建良好的校企共生系统运行机制,推动产业学院正向发展。

3.3 产业学院命运共同体困境

3.3.1 共生政策环境偏弱,共建格局难以形成

产业学院内外部共生环境因素综合发力,才能确保产业学院协同共建有序开展。《国家职业教育改革实施方案》《建设产教融合型企业实施办法(试行)》《现代产业学院建设指南(试行)》《职业教育产教融合赋能提升行动实施方案(2023—2025年)》等文件中提出了产教融合型企业"平等择优、先建后认"思路,对入选产教融合型企业储备库的企业逐年分批认证,认证通过后给予"金融+财政+土地+信用"的组合式激励,落实税收减免政策。市场经济背景下,企业营

运本质是逐利的,要确保产业学院稳定、健康、可持续运营,离不开必要的成本补偿及长效政策激励机制。目前产业学院内外共生政策及制度环境还存在如下具体问题:

(1)无明确具体补贴及激励标准。由于产业学院建设是一个比较复杂系统,受各方因素影响较多,很多建设的投入及成果产出标准、细则目前尚无科学核定标准,更无法相对统筹林林总总的投入及产出,所以国家及地方政策也无法明确认定成功的企业具体的配套补偿与激励政策及相关实施细则。

(2)企业前期投入无法确保收益。先建设后认定,产教融合型企业从培育到成功认定需要一定周期。从目前政策分析,成功认定的企业少则需要 4~5 年的合作共建背景且成果比较突出,而产教融合型企业认定还有很多不定因素,企业认定不成功的企业合作共建还需要继续持续投入,企业提前投入有一定风险。所以企业在校企共建产业学院洽谈过程中,并没完全寄希望于长远政策激励,主要还是依靠学校学费收入补贴。

(3)单一学费收入无力打造特色。外部补偿及长效配套激励机制无法落地的前提下,学校收入主要靠学费,因此,目前校企合作主要是学校和企业以项目购买服务方式开展合作。一个学校单纯的学费收入实际是很难保障产业学院正常运营及企业合法收益的,特色很难打造。

(4)产业学院内部制度标准缺失。学校和企业购买服务方式共建产业学院,大都签订的是框架协议,缺实质性工作任务,合作内容比较笼统,缺可操作性,互利互赢机制难以形成,比如,校企共建专业、共育师资、共建课程、共编教材、共研项目等相关具体工作任务的规范、流程、标准及经费分配等比较欠缺,尽管有的企业派遣了员工驻地学校,但因为无落地的内部利益机制,企业大多观望、沟通、洽谈,建设很难有效落地。

3.3.2　共生单元黏性不强,共生能量难以积聚

现代产业学院由共生单元通过多元主体合理分工协同参与共建并产生共生能量,达成共生共存关系,其中各共生单元主体与主体之间的有序积聚、融合是产业学院协同共建前提。协同共建主体都有相对独立的利益需要和价值诉求,高校追求人才质量、办学品牌与声誉,企业追求获取最大利润,政府追求职业教育良性发展,区域产业经济有效转型升级,产业集群高效发展等。产业学院协同

共建过程现实情况:政府政策主要在宏观层面指引、激励,企业由于缺乏基本利益及相关合法收益保障,合作动力缺失,积极性不高,产业学院的落地建设仍然是以高校为主,整体依然呈现校企"一头热一头冷"的合作现象。高校作为办学主体,自然出于本位思考重点还是聚焦在传统人才培养、课程教学、实习实训等方面,其他协同主体不能有效发挥主体作用。以上这些现象造成共生单元所产生的共生能量无法有效积聚并产生正向促进作用,产业学院建设有效性和稳定性实际很难得以保障,共生单元之间的关联度及持久黏性会伴随合作逐渐衰减。

3.3.3 共生界面机制缺失,有效资源难以共享

现代产业学院协同共建的重点工作之一是统筹、规划、配置并协调分配各类资源,实现资源充分共享。产业学院资源的有效分配一方面依赖于制度,另一方面依赖于学科之间壁垒的有效打通,产业学院的教、科、研、创等功能及资源使用一体化积聚。目前,国家、各地方政府及高校自身有关产业学院相关的政策及制度不够健全,大都以问题为导向,孤立、碎片化地制定,无法基于校企命运共同体视角来系统梳理、制定有效运行所需的制度和组合式激励政策体系,高校办学主要还是传统学科模式,学科与学科之间未基于产业链、岗位链、技术链有效打通关联,学科之间的师资、设备、课程、基地、项目等有效资源无法传导、融合、共享。制度的缺失及跨学科的壁垒,造成产业学院校企命运共同体的共生界面机制关联不畅通,无法有效地整合资源,实现优势互补。

3.3.4 共生模式演化迟缓,人才质量难以保障

产业学院共生模式决定了多元主体分工情况及利益分配方式。目前,由于内外共生政策及制度环境因素不健全,学校和企业处在摸索阶段,没有建立健全的治理结构,协同共建主要还是学校购买项目服务方式,企业主要是以派驻员工项目方式开展,所以共生组织大多呈现点共生或间歇共生模式,共生行为大多是寄生或偏利模式,共生单元黏性不强,学校和企业并不积极,合作重形式、轻内涵,合作大都停留在购买设备、学生实习就业等浅表层合作,真正人才培养标准、方案、师资、环境,教科研创体系的系统设计以及学校和企业元素动态融入少有启动,人才质量难以保障。

3.4 产业学院命运共同体构建策略

结合产业学院共生理论框架分析,产业学院命运共同体的共生环境优化,对共生模式演化以及共生单元之间关联程度都有较大影响,对产业学院协同共建过程中共生能量积聚有直接影响。通过优化产业学院共生环境,可以有效地构建产业学院共生单元之间的联动机制、共生界面的平衡机制、共生模式的演化机制以及共生环境的影响机制,形成产业学院多元治理格局,逐步演化形成产业学院连续共生组织模式以及非对称互惠共生行为模式。

3.4.1 完善共生治理结构体系,构建多元治理格局

产业学院基于市场和教育两种不同逻辑建立,相关治理主体包括政府、学校、行业及企事业单位。为有效避免校企合而不作、产教融而不合,各治理主体间貌合神离等现象,确保产业学院正常行使政治治理、学术治理、行政治理和民主监督治理,产业学院作为学校和企业深化产教融合、校企合作新生的一个实体化机构,应作为相对独立的共生主体独立承担教学、生产、研发及社会培训等工作,允许在其自身健康发展过程中获取合理化的经济收益,其治理结构需打破传统市场和教育治理逻辑,重新设计一个契合不同利益主体的共生型治理结构。

1. 成立产业学院命运共同体联盟

政府、行业协会、知名企业或合作院校都可以发起成立产业学院命运共同体联盟,并报当地政府主管部门备案。通过产业学院命运共同体联盟(以下简称联盟),可以开展以下工作:

一是各类配套政策制度实施标准和细则的研究制定。联盟可有效整合政府、行业、企业、学校及各类社会资源,建立专家库,积聚力量共同针对产业学院现实政策及资源困境阶段性形成问题清单。当地政府拿出专项资金支持联盟团队成员以项目立项研究方式,支持联盟成员调研、论证并提出解决方案,同时制定系列配套政策文件及规章制度,比如研究产业学院建设的通用标准、路径、模式等,研究产业学院办学必要的成本补偿及长效政策激励机制如何构建,研究产业学院双元主体治理的权、责、利如何充分保障,研究产业学院内部治理框架及

常规运营制度及规范的建立等。相关研究成果用于政府及相关职能部门机关决策参考咨询。该联盟组织还可协助政府统筹优化现代产业学院建设过程中各方资源及各项制度安排,持续完善、优化相关配套政策,确保相关政策制度的科学性和可操作性;还可通过先进治理平台技术及工具手段,提高多元共生治理的目标、计划及落地实施的方法、手段的科学性和有效性,避免目标偏离。

二是完善良好的沟通协调机制。联盟在上级主管部门指导下,定期组织召开相关研究成果及资源整合情况的研讨、评审或成果发布会,向联盟单位及社会宣传、推广,实现高校从闭门自主办学到共生单元各主体间相互有效关联,资源、信息有效畅通,促进产业学院外部政策及资源环境的有效优化,社会多元主体之间协同共建共享共管。联盟还成立区域产教融合仲裁机构,针对产业学院协同共建过程中存在的利益或权责分歧问题进行协调,确保多元主体之间沟通渠道畅通有效。

2. 立法认同产业学院共生单元身份

目前,产业学院由于各种内、外部因素,有其名无其实,少有开展专业、课程、师资、人才等相关要素的内涵式合作,比如有产业学院实质就是校企共建实验实训基地开展实习就业服务,有产业学院则购买设备做些后续基本咨询服务等,与政府要求"在特色鲜明、与产业紧密联系的高校建设若干与地方政府、行业企业等多主体共建共管共享的现代产业学院"所提出的相关内涵及质量要求相差甚远,合作与否取决于学校和企业的"关系",这样的产业学院共生系统缺乏稳定性。建议对国家及地方各级政府认定的现代产业学院,应用立法形式对其进行身份确认、认同并公示;对产业学院共生单元中的各共建主体进行身份确认、认同并公示;对各共建主体的权力、责任、利益进行一一明确、认同并公示。产业学院及各共建主体依法享受相关法律及规章制度保护,也要遵守基本约定,并接受社会及相关法律法规的约束和监督。国家及各地方政府有权对产业学院投入情况、专业建设情况、人才培养情况以及社会服务等相关情况进行检查、评比,及时通报,并将结果应用于产业学院相关补贴与激励政策中。

3. 成立产业学院校企合作董事会

每个新成立产业学院内部,可以充分整合政府、行业、企业等多方资源成立校企合作董事会,制订董事会章程。董事会成员由学校、行业、企业及政府主要负责人,产业学院实行董事会领导下的院长负责制,院长在董事会领导下依照章程全面负责产业学院各项建设与推动工作。董事会主要负责:贯彻党和国家的教育方针,遵守国家的法律、法规和有关条例,抓好产业学院的建设和发展,制订或修改董事会章程和审议产业学院的重要规章制度,审核批准产业学院的年度财务预算方案、决算方案,审议批准产业学院机构设置、办学规模、专业设置、招生办法等,以及决定产业学院其他重大事项等。

4. 完善产业学院内部运行管理制度

一是要制订产业学院管理办法,明确校企共建产业学院的进出标准、规则、流程,以及共建产业学院的质量评价与考核相关原则意见;二是要制订产业学院管理实施细则,明确产业学院共建过程中各方具体职能,比如各方在专业共建、师资共建、设施设备投入、教科研投入、人才培育、实习就业及社会服务等相关领域的权责利分配;三是要制订产业学院考核管理办法,设计评价指标体系及奖惩制度,明确产业学院考核评价组织、评价主体、评价对象、评价内容、评价标准、评价周期及评价结果应用,尤其注意评价的正向引导和激励作用。产业学院外部治理体系中,也要处理好政府、行业、企业及学校关系,明晰相关职责,政府主要加强规划、统筹及政策配给,为产业学院提供必要政策及资金支持;行业主要准确把握行业动态及人才需求信息,做好校企供需对接;学校和企业主要根据共建产业学院需求,共同提供场地、师资及设备资源,并共同制订产业学院建设方案,有序推动产业学院发展。

3.4.2　构建校企协同育人体系,打造教科研创平台

1. 搭建教科研平台机构

构建校企协同育人体系是产业学院的核心任务。建议一方面加强行业及社会教科研组织的产学研资源整合,跨界打造教科研实践平台;另一方面产业学院内部除了常规二级学院运行所需要的基本组织单位,还可设立专业(群)建设指导委员会、技术技能大师工作室、协同创新中心、研发中心等机构。这些机构将教学、科研、创新创业及社会服务横向贯通,协同打造教科研创一体化平台,比如申报教科研项目孵化、创新创业大赛、技术创新服务以及系列成果转化与推广等。

2. 构建校企协同育人体系

产业学院一是要完善校企协同开展的课程体系、实践教学体系、教材体系、教学体系、科研体系、创新创业孵化体系等，明确相关标准、流程、实施规范及考评细则等；二是要加强校企协同培育双师队伍的相关制度、标准、流程、实施规范及考评细则建设，包括校企骨干双师双向流动机制、兼职教师管理办法，尤其要鼓励产业学院有一定自主聘请兼职教师的权力；三是要制订校企协同评价学生管理办法及实施细则，比如学分互认制、弹性学分制等；四是校企协同落地开展专业建设，基于岗位链、技术链加大跨学科专业群的整合与优化，重构岗、课、证、赛、创一体化的课程体系，创新人才培养模式，确保专业群建立在产业链上，课程内容有效对接行业标准，学生在真实生产项目环境中学习成长。

3.4.3　设计资源集约共享机制，畅通共生界面传导

产业学院资源包括人、财、物及相关信息资源平台。由于产业学院是由学校和企业混合共建的一个新型办学组织，各办学主体：一是要建立资源投入及成果产出共享机制，加强资源整合，发挥资源优势互补，充分引导、激励校企共同投入资源，推动产业学院场地、设备、资金、人力、智力、研发及生产等相关类别资源充足及利益合理分配；二是要搭建资源信息对接平台，建立良好的资源对接沟通机制，确保各类信息资源客观、真实、有效，提高产业学院运行效率；三是建立资源共同管理制度，凡是由产业学院各方主体共同投建的资源，需要有进出流程、规则、标准及管理细则，并定期做好资源盘点及使用情况统计分析等；四是基于跨学科的课程体系重构，充分集约设备、师资等相关资源，实现资源设备最大化的共享。

3.4.4　设计利益共享激励机制，打造互惠共生模式

产业学院由多元主体协同共建共管，逐利是经营者天性，利益分配是否均衡将直接影响产业学院共生系统的稳定与发展。结合共生理论剖析，产业学院要形成稳定的共生系统，应选择连续或一体化共生组织模式，以及互惠共生行为模式。为确保共生单元主体之间平等互利，有效积聚共生能量：一是建议各地政府、联盟及行业协会认真调研、研究产业学院办学投入成本，对认定的现代产业

学院、产教融合型企业、实习实训基地以及企业大师等给予配套的补贴及奖励政策,加紧落实对认定的现代产业学院、产教融合型企业有关"金融+财政+土地+信用"的组合式激励政策的落地实施,以及具体配套补偿与激励政策及相关实施细则,落实相关财税补贴政策;二是产业学院内部要加强专业、课程、教材等相关建设标准、建设成本的调研核算,并制订相关管理办法及利益分配原则意见,加强对校企协同参与人才培养、教科研项目、社会培训、创新创业等相关服务的标准、成本的调研核算,并制定相关管理办法及利益分配原则意见;三是完善产业学院对外科研、培训等相关社会服务利益分配制度,利用产业学院已建的教科研创平台、技术技能大师工作室等,积极开展对外培训、技术咨询及相关社会服务。

3.4.5　设计科学合理评价机制,引导优化共生环境

产业学院的建设也需坚持"以评促建、以评促改,评建结合,重在建设"。客观、科学评价体系,可有效引导、激励产业学院共生单元各主体积极投入,群策群力办好产业学院,同时也可有效诊断、把脉协同共建过程中遇到的问题并有针对性地着手解决。相关评价结果作为各级政府遴选现代产业学院、产教融合型企业等优质项目决策参考。参照中共中央、国务院 2020 年印发的《深化新时代教育评价改革总体方案》文件相关要求:一是产业学院的评价体系设计原则:坚持过程评价和结果评价相结合,健全综合评价,探索增值评价;二是产业学院评价方式:采取外部评价和内部评价相结合,重在外部第三方机构客观评价;三是评价模型:建议参考借鉴 CIPP 评价模型,分为背景评价、输入评价、过程评价和结果评价,其中背景评价主要评价产业学院共建目标、方案,以及与实际影响之间的差距,形成计划方案;输入评价主要对产业学院实施方案可行性进行评价,形成组织决策;过程评价主要调整和改进产业学院系统共建过程中的实施过程,形成实施决策;成果评价主要确证产业学院相关主体的需求满足程度如何,形成再循环。另关于评价周期和评价主体,建议内部评价的周期可以按学期或自然年度方式开展,由产业学院董事会牵头负责,学校和企业相关受众对象参加;外部评价的周期一方面参考遴选项目周期要求执行,另一方面常态化的检查评价由政府授权产教融合命运共同体联盟组织并充分赋权实施,政府、行业协会、联盟及部分企业代表参加。CIPP 评价模型如下图所示:

C 确认产教融合评价目标与方案的实际影响之间差距,形成计划决策

背景评价

输入评价

I 对产教融合实施方案可行性进行评价,形成组织决策

P 确证产教融合相关主体的需求满足程度如何,形成再循环

成果评价

过程评价

P 调整和改进产教融合实施过程,形成实施决策

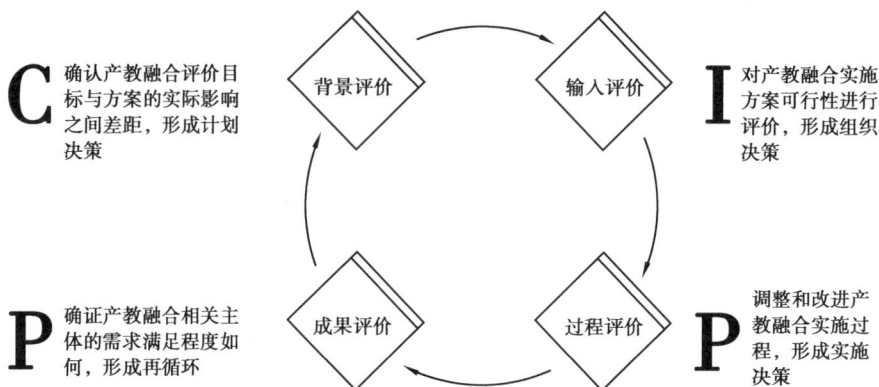

产业学院作为学校和企业协同共建的一个新型办学组织,既具有教育属性,又具有产业属性,是学校深化产教融合、校企合作的有效载体,其功能集人才培养、应用研究、特色培训及社会服务等于一体。产业学院协同共建质量和效果一方面取决于社会外部因素,包括国家及各地政府的政策、宣传引导和具体配套政策支持,政策支持力度和政策引导的精准度尤为重要,是持续激发现代产业学院协同共生共建的生机与活力,另一方面取决于产业学院内部治理水平和能力。"共生"视域下探讨产业学院构建策略,可优化产业学院内外政策制度环境,推动产业学院共生模式快速演化成可持续、一体化的互惠共生模式,促进共生单位各主体之间关联,促进产业学院健康发展。共生环境是共生系统所需物质、信息、能量的外部推力,产业学院尤其要建立资源投入与产出共享机制、校企资源共同管理制度,建立资源共享信息平台,落实好配套利益合理分配标准及原则,大力推动产业学院场地、设备、资金、人力、智力、研发及生产等相关资源设备充分整合利用,实现资源最大化共享,从而以产业学院命运共同体形式推动校企纵向一体化发展。

第4章
现代产业学院治理研究

4.1 认识治理与治理体系

4.1.1 职业教育治理内涵

"治理"一词(Governance)源于古希腊语和拉丁语,原意是"引导、控制和操纵"。治理本质是促进不同利益主体围绕共同目标和价值,相互彼此认同,共同决策,联合行动,协同组织与实施,其理念即在差异中寻求共识、共识中寻求创新共赢。系列激励或约束的政策及制度体系形成治理体系。

2013年,党的十八届三中全会首次提出全面深化改革,推进国家治理体系和治理能力现代化,由此我国教育管理开始转向教育治理。2017年,国务院办公厅印发《国务院办公厅关于深化产教融合的若干意见》,要求变革学校治理结构,促进产业链、创新链、教育链、人才链全面衔接。力争用10年时间总体形成教育和产业统筹融合、良性互动的发展新格局。2019年,教育部、财政部联合印发《关于实施中国特色高水平高职学校和专业建设计划的意见》文件,提出创新高等职业教育与产业融合发展的运行模式,推动高职学校和行业企业形成命运共同体,提高高职学校治理水平,健全内部治理体系,健全学校、行业、企业、社区等共同参与的学校理事会或董事会。同年,党的十九届四中全会提出推进国家治理体系和治理能力现代化是全党一项重大战略任务。2020年,在中央全面深化改革委员会第十三次会议上,习近平总书记强调坚持和完善中国特色社会主义制度、推进国家治理体系和治理能力现代化的施工图。中共中央、国务院印发《中国教育现代化2035》,明确提出推进教育治理体系和治理能力现代化,构建多元办学格局。制度构造了人们在政治、经济及社会中的博弈及激励规则,有学者建议将治理体系理解为系列激励、约束人们行为的正式或非正式制度体系。国家治理体系具有工具性、目的性及系统性特征,相关内涵理解如下:一是从工具论角度可理解为一套实现国家治理的方法、方式和手段;二是从制度论角度可理解为一系列规范社会行为、维护社会权力及国家公共秩序的制度和程序;三是从系统论角度可理解为国家治理体系由治理目标、对象、主体及治理方式等系列要素构成的一个系统;四是认为国家治理体系就是一套机制体制。

职业教育治理过程本质上是各方利益主体相互博弈与磋商、妥协与让步的过程,与国家治理、国家政治体制和国家权力结构息息相关。职业教育治理体系是国家治理体系的一部分,是国家治理体系在职业教育领域的具体表征与应用,其治理水平和能力将直接影响职业教育现代化。参考国家治理体系内涵,可将职业教育治理体系理解为:在国家教育治理体系引导下,通过一套契合职业教育体系的有效方法和手段,制定系列正式或非正式的制度体系,引导、激励并规范、约束多元主体的系列权利和行为,解决职业教育系列公共问题,维护职业教育良好公共秩序的系列政策制度体系,包含职业教育治理目标、治理主体、治理对象、治理制度、治理过程、治理方式等要素,其最终目标是推动职业教育实现"善治、法治、共治",推进职业教育现代化。治理体系构建落脚点在于全面深化校企合作、产教融合,抓好人才培养质量,服务区域及产业经济。治理能力主要体现在解决突出或公共问题能力,以及沟通、协调、组织及协作能力。

总之,职业教育现代化可认为是一种文化、一种理念、一种精神,更是一项行动,一项务实和长期的真实行动,而非肤浅的、轻率的和短期的行为。职业教育质量建设要用务实求真的态度,重点关注对整体学生受教育情况有直接影响的相关要素,以及对学生职业生涯有可持续促进与发展的相关因素等方面进行建设。否则,所有脱离了人才培养现实需求,仅仅为建设而建设的教育质量体系都违背了现代化的职业教育精神。

4.1.2 产教融合制度困境障碍

1. 两大现实困境

职业教育深化产教融合与校企合作,其核心在于构建一套科学相适宜的制度体系。科学相适宜的制度体系是推动职业教育深化产教融合、校企合作的根本遵循和依据。然而,当前制度体系存在两大主要困境,阻碍了这一目标的顺利实现。

首先,现有产教融合相关制度框架、实施条例以及制度功能设计,在覆盖和支撑职业教育各链条的有机融合方面显得力不从心。这些链条包括产业链、岗位链、技术链以及与之相对应的专业链、课程链、创新链。特别是目前政府在政策制定方面,主要侧重于宏观引导,缺乏针对人才需求预测、专业建设、师资建设、实验室建设、资金保障以及奖惩条例等方面的具体、可操作性实施规范和工作条例。因此,学校和企业在实际合作过程中,往往只能依靠校企之间协商,以购买服务方式推进合作项目。

其次,现有制度落地实施与应用创新不足,导致协调沟通机制不畅,运行成本偏高。这主要体现在以下几个方面:一是制度执行力度不够,导致政策难以得到有效落实;二是制度缺乏灵活性,无法适应快速变化的市场需求和技术发展;三是各方利益主体之间的沟通协调机制不健全,使得合作过程中容易出现摩擦和障碍;四是缺乏有效激励机制和奖惩措施,难以激发学校和企业参与产教融合的积极性。

2. 外部制度障碍

外部治理制度障碍是影响高职学校深化产教融合的关键因素之一,主要体现在政府角色问题和行业企业参与问题两个方面。政府力量和社会市场力量在高职学校治理中呈现出一种此消彼长的关系。政府放松管制是社会力量和市场治理参与高职学校治理,以及高职学校面向市场与社会培养人才的前提。政府对高职学校的过度管控会导致市场和社会力量难以介入,进而使高职学校变得依赖和顺从政府,失去自由、生机和活力。这种情况下,高职学校不仅难以自主约束和自我超越,更难以适应和引领地方经济社会的发展,从而延缓了政府对高职学校的放权改革进程。

首先,政府角色问题表现为缺位和越位现象。政府在推进高职学校深化产教融合时,往往停留在政策支持层面,缺乏具体的实施操作规范和监督奖惩条例。这导致政策执行力度不足,产教融合实际推进受到阻碍。同时,各级地方政府因权力下放和市场经济影响,可能过度干预学校和企业产教融合合作,或者因缺乏直接共享利益而缺乏推进动力。此外,政府作为高职教育的举办者、管理者和评价者,长期管控学校的办学自主权,尽管有简政放权努力,但某些办学自主权仍未得到落实。政府在高职学校办学自主权上的过度干预也限制了学校深化产教融合的能力和活力。政府的深层次、无边界介入也导致市场和社会在职业教育治理中缺乏足够的决策权和话语权。此外,政府对高职学校的管理存在过多、过死的问题,这加重了高职学校管理的官僚主义作风和行政化倾向。一些高职院校的产教融合制度变革往往取决于学校领导的个人意志,而非基于学生、教育和经济社会发展的实际需要。这种依赖个人意志的决策方式使得产教融合改革进程和路线容易发生变化。

其次,行业企业参与问题也是外部治理制度障碍的重要表现。尽管行业企业有与高职学校合作的愿望和需求,但在实际参与高职学校治理过程中,其动力和能力有限,实质性的产教融合推进措施较少。行业企业主要通过学校理事会、董事会、产教融合或校企合作联盟等组织参与治理,但这些组织在实质性推进产教融合措施方面存在不足。行业企业在高职学校决策、人才培养方案制订、育人模式变革等关键治理内容上的参与度不够,许多产教融合联盟或学校理事会虽然举行了常规性活动,但并没有深刻改变高职学校的产教融合进程。高职学校在产教融合治理中仍占据绝对主角地位,多元共治在高职教育治理中尚未成为现实。

因此,为了推动高职学校产教融合深入发展,需要政府、学校、企业和社会各方共同努力,完善制度体系,加强沟通协调,推动职业教育产教融合的深入发展。政府应适当放松管制,为市场和社会力量参与高职学校治理创造条件;同时,高职学校应增强自身改革和创新能力,提升产教融合水平;行业企业也应提高参与高职学校治理的动力和能力,加强与学校的合作与交流。只有通过多方协同努力,才能克服外部治理制度障碍,实现高职学校产教融合的深度发展。

3. 人事制度障碍

人事制度障碍是高职学校深化产教融合过程中面临的重要挑战。从学校外部的人事制度视角来看,事业单位编制管理体制成为这一障碍的核心所在。

首先,高职学校作为事业单位,其人事行为受到政府直接或间接控制,导致高职学校在人员编制调整方面缺乏自主权,无法根据地方经济社会发展需求、学校发展规划和学生规模灵活调整人员配置。这直接限制了学校在产教融合过程中的人员调配灵活性。

其次,政府分配的事业编制有限,高职学校在引进行业企业师资方面面临名额不足的问题。这导致学校在建设“双师双能型”教师队伍时,难以吸引足够的行业企业师资,同时也不易清退那些不符合产教融合要求的教师。这种状况进一步削弱了学校人事制度的激励约束效应,使得教师队伍的优化变得困难。

此外,事业单位编制管理制度的稳定性特点也使得高职学校的人事制度成为空中楼阁。由于教师职位相对稳定,缺乏有效的激励机制,一些中老年教师在满足基本物质需求和职称荣誉后,缺乏参与产教融合改革的动力。这导致产教融合改革往往只能依靠部分校领导和年轻教师的推动,难以形成全校范围内的合力。

在聘任制度方面,教师职称转换机制的滞后也不利于“双师型”教师队伍的建设。高职学校在引进行业企业师资时面临职称对应和转换的困难,同时现有教师的评价体系也不完全适用于行业企业师资的考评。这导致学校在聘任和考核教师时难以兼顾产教融合的需求,影响了教师队伍的整体素质和结构。

为了克服这些人事制度障碍,高职学校需要争取更多的自主权,调整和完善人事制度,以适应产教融合需求。政府也应加强对高职学校产教融合支持、引导,完善相关政策法规,为高职学校深化产教融合创造有利条件。同时,行业企业和社会各界也应积极参与高职学校产教融合工作,共同推动高职教育改革发展。

4. 薪酬制度障碍

薪酬制度作为激励教师积极参与产教融合的关键因素,其当前存在的问题严重制约了高职学校产教融合深入发展。以物质需求和个人发展的正向追求为内在动力,是产教融合主体积极投身参与高职学校治理的动力源泉。然而,当前高职学校薪酬制度激励效应弱,导致教师投身产教融合的积极性普遍不高。

首先,高职学校教师工资总体偏低,使得教师在面对额外产教融合任务时,缺乏足够的动力去投入更多精力。工资结构设置不合理也是一大问题,奖励性绩效工资微薄,无法有效激励教师增加工作投入。教师即使在教育教学内容上做出改进,采用更加符合产业发展实际的教学方法,加强实践教学,也往往无法获得明显的报酬增加。这种薪酬结构导致了教师努力投入教育教学工作的边际收益很低,进一步削弱了教师参与教育教学改革的热情。

薪酬制度改革对于激励教师支持产教深度融合具有至关重要的作用。然而,学校薪酬制度变革的成本和风险非常大,这成为阻碍改革进程的重要因素。薪酬制度变革需要经过学校多个部门反复修订,并征得多数教职工的"一致同意",这一过程耗时耗力,且难以达成共识。此外,薪酬制度变革还需要上报主管行政部门批准和备案,这进一步增加了改革的难度和成本。更为重要的是,薪酬制度事关教职工的切身利益,一旦改革无法实现能够增进所有人利益的"帕累托改进",就很容易引发风险和抵制。高职学校内部的学科间、部门间差异很大,每个人对新的薪酬制度的理解和判断不一,这使得制订出一套完全公平、科学、合理的薪酬分配方案变得异常困难。一旦薪酬制度变革出现差池,就有可能引发集体抵制事件,对学校的稳定和发展造成严重影响。

为了克服薪酬制度障碍,高职学校需要积极探索薪酬制度改革的新路径。这包括优化工资结构,提高奖励性绩效工资的比重,使教师的付出与回报更加匹配;同时,建立更加公平、科学的薪酬分配机制,充分考虑不同学科、部门之间的差异,确保每位教师都能得到合理的待遇。此外,学校还应加强与政府、企业等外部主体的沟通与合作,争取更多的政策支持和资源保障,为薪酬制度改革创造有利条件。

5. 教学制度障碍

当前高职学校教学制度在推动产教融合方面存在显著障碍。尽管《国家职业教育改革实施方案》明确要求职业学校实现专业设置与产业需求、课程内容与职业标准、教学过程与生产过程的对接,但现实情况却不尽如人意。

首先,现行教学评价体系过于注重课时量、教学奖项和教改项目,而缺乏对教师教学投入、教学方式、教学内容、努力水平和教学效果的全面评估。这种评价方式客观上忽略了教师人力资本投入的实际效果,难以有效激励教师改进教学内容和教学方法,实现与产业、职业和生产过程的对接。

其次,教学督导制度也存在问题。高职学校教学督导部门人员有限,且往往身兼数职,难以对教学质量进行全面有效监督。尽管有些学校尝试将督导责任下放到二级学院,但这往往导致教学督导流于形式,无法真正发挥作用。

此外,尽管学校设立了教改项目以鼓励教师改进教学内容和方法,但由于项目经费不足、改革难度大以及教材和教学设施不到位等问题,许多教师并未真正投入改革。同时,学校对教改项目的结题要求也不够严格,进一步削弱了教改的实际效果。

6. 科研制度障碍

高职学校在科研制度方面也存在不利于产教融合发展现象。根据"双高计划"要求,高职学校的科研应以应用研究为主,服务于企业的技术研发和产品升级。然而,当前多数高职学校的科研制度仍受"路径依赖"影响,没有突出应用研究导向。具体而言,尽管高职学校在科研成果统计上区分了基础研究和应用研究,但在奖励机制上并未体现差别。学校往往更看重期刊和项目的级别,对横向项目,即企业或地方政府委托的研究项目重视程度不足。横向项目具有很强的应用性,符合高职学校打造产教融合平台的需求,但由于其在教师晋升、学院绩效和学校排名中的权重较低,导致教师缺乏参与横向项目的积极性。

此外,变革现有科研制度也面临一定的风险。长期以来,纵向项目,如政府资助的研究项目,一直是衡量科研水平的主要标准。如果高职学校过于强调横向项目,可能会脱离政府和社会的主流评价标准,对学校的整体声誉和排名产生负面影响。

为了推进高职学校治理体系现代化,实现由政府统筹管理向社会多元治理的转变,必须系统总结这些制度障碍,并通过学校制度变革来调动利益相关者的积极性,约束机会主义行为,化解个体理性与集体理性的冲突,为深化产教融合提供有效的制度保障。

4.1.3　职业教育治理框架

"治什么、谁来治、怎么治"构成职业教育治理逻辑结构。职业教育治理是指综合利用好权威治理、市场治理及自主治理共同提高学校治理能力和水平,这也是全球教育治理达成的普遍共识,其中权威治理主要通过权力由上而下直接干预执行,市场治理和自主治理主要通过市场自由竞争、优胜劣汰方式达到相互平衡、制约或相互补充的治理目的。职业教育治理既要遵循国家政策制度,遵循职业教育本身逻辑及规律,又要遵守行业及企业相关市场逻辑及规律:一方面治理过程要处理平衡好政府、行业、企业和学校的外部协调关系;另一方面要以学校章程为准绳,统领好学校内部治理体系。职业教育治理目标就是要促进职业教育与区域产业经济及社会融合共生、协同发展,其治理要素包括系列政策、制度、规则、流程、方法及机制等。

1. 学校外部治理框架

学校外部治理体系中,一是要处理好政府和学校关系,让政府有效为学校发展提供必要的政策、法律、资金及服务支持,要充分放权让学校有较强的办学自主权;二是要处理好行业、企业及社会相关第三方机构参与职业教育治理、评价和监督的主动性、积极性和规范性。政府和学校关系主要诉求集中在学校办学自主权和政府服务质量,治理改革关键点在于管评办分离和"放管服"落实;社会参与学校治理诉求点在于如何充分持续调动社会参与治理的积极性和主动性,其改革关键点就是积极引导学校和企业联合成立理事会、董事会、校友会、职教集团、产业联盟、基金会等相关校企合作治理机构,为社会治理提供平台和载体,还要有持续机制充分引导和鼓励社会参与职业教育治理的评价和监督。当前职业教育治理尽管面向市场和社会基本构建了多元主体参与治理格局,政府也有大量简政放权行为,但并未真正意义上减少政府对高职院校治理的干预力度,依然是权威治理主导,而市场治理和自主性治理机制不够健全,自由竞争、优胜劣汰的市场治理以及平等、民主的自主治理都显得相对薄弱。

2. 学校内部治理框架

学校章程是学校办学治校的纲领,是学校构建政府宏观主导、社会积极参与、学校自主管理、民主有效监督的多元治理格局的根本遵循,学校内部的组织设计、制度安排,以及政治、行政、学术、民主等相关治理的规制程序约定、权力实现及基本制度保障等都需要通过学校章程统领。

学校内部治理主要通过制度安排实现,制度设计与创新好坏将直接影响形塑人的行为规则,影响治理终极目标实现及学校系列改革最终是否达成。学校制度既包括学校政治治理、行政治理、学术治理、民主治理的权责分配及组织架构设计等相关基本治理制度,又包括四种治理各自所涵盖的具体工作实施相关组织规范、运行约定、实施指南及评价规则等相关具体制度安排。内部四类治理框架如下。

(1)政治治理体现党和国家领导治理学校的权力范畴,其基本制度和组织机构涉及党委领导下的校长负责制,以及学校和二级学院的党委、统战、组织、宣传、纪检、团委等,其具体制度包括全面从严治党、意识形态、统战群团、党风廉政、干部管理、安全稳定等。

(2)行政治理基本制度及组织机构主要涉及学校人才培养、科学研究、社会服务、文化传承及创新等相关领域,具体制度包括学校教育教学、学生管理、科学研究、人事管理、财务薪酬、后勤保障、安全保卫、继续教育及对外合作交流等系列具体规范、流程、指南及评价规则等。

(3)学术治理基本制度及组织架构涉及学术委员会、专业建设指导委员会、教学工作委员会等相关学术指导评价,其具体制度包括学术相关章程、规范、条例及学术相关审评、咨询、奖惩流程、规则及约束等。

(4)民主治理基本制度及组织架构包括教代会、工会、学生会等,具体制度包括广大师生的问题申诉、权益维护、矛盾调解、意见反馈等。

3. 校院两级治理框架

学校要坚持立德树人,以提高人才培养质量为根本,以科学发展观统领学校管理体制改革,要积极推动校院两级管理体制改革及管理职权划分,逐步建立一个符合教育规律和学科、专业发展的校院二级行政管理体制,建立一个宏观上管好、微观上放开、中观上责权利相结合的校院二级教学管理模式,使其结构合理、运转协调、工作高效、行为规范,能充分调动各方工作积极性和主动性,有效统领校院两级协同开展人才培养、科学研究、社会服务、文化传承创新、国际交流合作,聚力提高人才培养质量,提升办学实力,为学校长远健康发展打牢坚实基础。校院两级治理构建遵循:

(1)遵循重心下移原则。突出二级学院教学实施、教学管理主体地位,围绕学生培养、专业建设、师资队伍建设、教学基本建设、学生日常管理、教学运行、教学改革、经费管理以及教师考核等向二级学院下移管理重心。

（2）遵循结构优化原则。各二级学院要以确保教师队伍数量和合理结构为原则，在人员引进、培养和管理等方面，既要服从学校大局，又要有利于优化本二级学院人员结构。

（3）遵循精简高效原则。各二级学院要树立效率意识，科学划分各类人员岗位和比例，严格控制职数，提倡一人多职，降低运行成本，提高工作效率。

（4）遵循权责一致原则。各二级学院既拥有一定的学生管理、教学运行、教师管理、经费使用等管理权，同时也应担负对学生培养、教学管理、专业建设、师资队伍建设等以及学校各项事业发展的责任。

（5）遵循成果导向原则。引导校院两级坚持目标引领、任务驱动、成果导向原则，切实履行职责，协同培养德智体美劳全面发展高素质技术技能人才，积淀办学成果。

4.校院两级治理权责

（1）校级管理职权

• 负责学校教学、科研、人事、财务、资产、学生管理、校企合作等相关工作的顶层规划、制度构建、标准制订、流程设计、条件建设、后勤保障等，以及相关运行过程的培训、指导、考核及评价。

• 负责学生基本信息库和学籍注册、学生成绩管理，负责审批学生休学、复学、转专业、转学以及二级学院提出的延长学业年限、退学，审核并发放毕业、结业证书。

• 负责制订专业招生计划及毕业生离校组织工作，负责毕业生毕业资格审核和毕业证印制发放工作。

• 学校统一管理财务资产，实行统一制度规范，统一财务收支预算，统一各项财产资源配置规划，严格把握收支的规范性和协调性。

（2）二级学院管理职权

• 负责学校教学建设、教学运行、专业评估、学生日常管理、奖助学金以及人事、财务、资产、校企合作等相关工作的组织与实施，接受校级对相关工作检查、审计与评价。

● 负责新生编班工作,负责学生成绩登记工作,负责学生学籍注册信息核对工作,负责提出学生延长学习年限、退学等学籍异动意见,负责本二级学院内部转专业、二级学院之间转专业的考核工作,并报校级审批。

● 负责与学校相关职能部门一起制订所辖专业招生计划,负责毕业生档案寄送工作及毕业证发放工作。

● 根据学校工作总体部署,结合本二级学院学生特点,做好学生常规教育管理,学生报到、请假、学费催缴、行为规范养成及督查教育及具体落实学风建设工作等。

产教融合已然成为职业教育的一种宏观制度安排,如何从教育供给侧结构性改革创新架构产教融合治理框架,搭建学校外部和内部治理平台和载体,有效解决当下产教融合治理相关制度功能不全或制度失灵等制度障碍现象,一方面要有效调动利益相关者为实现产教融合共同目标的主动性和积极性,另一方面要有效约束背离产教融合目标的机会主义行为,促进学校外部治理和内部治理协同共生值得继续探索。

4.1.4　职业教育现代化治理

学界对现代化内涵有不同见解,归纳如下:现代化主要以工业化为推手,推动社会方方面面从传统向现代动态、持续发生重大变化,包括生存方式、价值观念、思维方式等,是一个为追求和实现目标不断演进、变迁、发展与变革的过程,既涵盖时间、空间维度,又体现新时代精神与特征。参考学界对“现代化”的相关观点,可以概括职业教育现代化为:构建由学校、政府、行业、企业等多元主体参与的现代治理模式,建立以对话、沟通、协商为主的协同治理机制,是一个将人民对职业教育的价值理念和美好期待,不断融入职业教育治理行动的过程,也是一个职业教育价值理念不断调整优化过程。职业教育价值导向包含职业教育的价值目标、价值尺度和价值取向三个维度。

1. 职业教育价值目标

职业教育公平是现代职业教育体系追求的终极价值目标,包括职业教育起点、过程和结果都要体现公平性。目前,我国职业教育由于各地方区域产业及经济发展水平不一样,各地方政府政策差异以及社会传统“重普轻职”偏见,职业教育的招生、政策资源及学生就业等方面都存在不公平现象。职业教育现代化治理过程基于遵循平等、补偿及差异性原则,努力实现职业教育入学机会平等、过程享受学习资源及条件机会平等,毕业与其他类别毕业生享受同等尊重和就业机会。

2.职业教育价值尺度

民主、法治、科学和效率是职业教育现代化治理的价值尺度。职业教育治理一方面要赋予多元主体参与治理的权力,充分听取各方主体的治理意见或建议,对重大制度或决策有良好的平等沟通、协调机制,确保多元主体能够平等参与治理;另一方面多元主体要有民主法治意识和主动承担治理的相关责任。职业教育治理现代化最显著特征之一是治理由"人治"走向"法治",所以法治化是治理的本质属性之一。治理法治化包括树立法治观念、强化法治意识,制定系列政策制度、法律法规和一些非正式约束的合作协议等,促使多元治理相关主体明白自身权、责、利,将法治观念内化为自身行动,规范约束治理行为,维护共同合法权益,确保职业教育治理有章可循、有据可依。职业教育治理科学化主要体现在一方面要运用科学的职业教育治理理论;另一方面要运用科学手段,包括新一代信息技术科学解决职业教育治理问题,搭建科学治理与沟通协调平台,并对治理过程运用科学手段进行资源有效分配、质量监控,对治理结果运用科学手段进行可视化分析和应用,降低治理成本,综合提高治理决策、执行及沟通反馈效率,最终实现职业教育治理成果效益最大化。

3.职业教育现代治理价值取向

价值取向主要指对人或事的价值倾向性体验和认知。对于职业教育而言,坚持党的领导和立德树人根本任务始终是多元主体追求的价值取向。2018 年,习近平总书记在全国教育大会上,在深刻回答教育"培养什么人、怎样培养人、为谁培养人"这一根本问题基础上,站在党和国家事业发展全局战略高度,提出"坚持以人民为中心发展教育"的重要论述。党的十八大以来,坚持以人民为中心发展教育的思想形成了较为完整的理论体系,这一思想反映着党办教育的人民立场,把人民作为教育的价值与实践主体,蕴含着人的全面解放和发展的价值目标和终极关怀,是马克思主义教育思想中国化的最新理论成果。该思想是对"教育为人民服务"的理论升华,也是对"办好人民满意的教育"的方法论阐释。

以人民为中心的教育观基于中国现实发展需要,基于人民立场和马克思主义人学理论提出,具有历史基础和现实依据,其思想内涵包括:教育的发展观、强国观及责任观,其生成逻辑主要源于马克思主义思想理论逻辑和历代中国共产党人实践逻辑,其核心是坚持立德树人。

4.1.5　职业教育治理现代化

职业教育治理现代化有利于促进职业教育内涵式发展及质量提高,有助于推动职业教育现代化目标达成。职业教育现代化治理过程包括治理理念持续变革、治理制度持续创新、治理过程持续优化及治理质量持续提升等,是一项在治理理念、制度、过程及质量保障等方面全面、系统的改革过程。其治理路径建议如下。

1. 树立协同化共治理念

职业教育的社会属性及职业属性决定了其治理首先要倡导鼓励社会企事业单位、行业组织、广大师生及社会家庭积极参与治理。职业教育多元治理的结构特征是职业教育现代化基石,具体包括:一是管理模式采用多元主体共治理念;二是鼓励多元主体之间建立平等、互利的协商沟通机制及必要的规约制度和章程,确保治理愿景共同一致、治理组织协同有效、治理主体关系平等信任、治理过程有章可循、治理权威平等互补;三是树立“善治”理念,并把“善治”作为衡量职业教育好的治理目标及标准,通过系列治理活动,最终实现公共利益最大化。

2. 创新现代化制度体系

完善的职业制度体系可为职业教育多元主体主观能动性发挥提供一定的让渡空间,是有效贯彻落实职业教育理念的重要规则、工具和载体,同时可有效规范、约束、形塑各方治理主体行为,充分发挥多元主体主动积极作用,促进治理从理念到共识再到有效行动。职业教育治理现代化衡量标准之一是制度现代化,制度现代化可有效促进治理现代化,制度创新过程本身就是现代化进程具体体现。现代化的完整制度体系既包括宏观的政策咨询、规划决策、服务保障等方向性制度体系,又包括具体招生就业、运营管理、监督评价、经费投入等方面具体操作步骤及规范流程等制度体系,还包括政府、行业、企业、学校等多元主体参与职业教育治理的规则、标准、权责及约束机制等相关创新性规章制度。制度创新实质就是改变制度原有的激励或约束规则,规范约束利益相关方某些机会主义行为,充分调动参与多元治理的主动性和积极性,从而实现多元共治的既定目标收益。

3. 形成多元化治理格局

结合职业教育的职业及市场属性,其治理主体既离不开政府的主导,也离不开行业组织积极参与,更离不开学校和企业的主动融合、联合共建,多元主体协同共管共治,形成职业教育现代化多元治理结构。要构建多元主体协同共治善治局面,先要打破传统治与被治的二元治理格局,明确多元主体协同治理过程中职责及基本规则,促使多元主体各司其职。首先,政府要积极发挥主导作用,出台职业教育相关规划、政策及制度,明确发展方向并为职业教育提供良好的办学条件和发展环境,提供基本政策制度保障,同时还要简政放权,保证院校有充足的办学自主性、灵活性和积极性,积极出台各种政策刺激、鼓励、引导各方主体在治理方面发挥主观能动性;其次,应充分发挥行业及相关社会组织在职业教育治理结构中的指导及参与作用,包括对人才培养标准、规格的制定与指导,对人才培养质量的鉴定与评价,提供各种社会资源支持解决职业教育条件资源及实习就业岗位补给等,促进职业教育不断创新变革育人模式,促进人才培养的标准、过程及效果与市场充分融合、对接,促进办学质量不断提升,从而满足区域产业经济及社会发展对职业教育的多元化需求。职业教育治理结构包括职业教育与外部政府和社会的关系,还包括内部政治、行政、学术、监督等方面治理的权责分配及制度的创新设计,从而充分调动学校师生积极参与治理的主动性和积极性。

4. 构建系统化评价体系

职业教育现代化治理一方面可通过治理行为及行动检验相关规划、政策及制度体系是否科学,能否有效执行到位,另一方面也可构建科学、系统、全面的评价机制,由政府、行业及社会相关组织等多元评价主体共同监督引导、诊断、评价现代化治理体系推进质量和效果,主要监督相关政策制度执行落实情况,发现关键问题及症结,积极沟通协商解决治理过程中出现的问题或困难,及时扭转某些治理偏差现象。多元评价监督机制可有效打破固有的政府单一性评价监督权力的状态,充分发挥多元主体积极参与治理的主观能动性,倒逼治理体系改革,从而全面提升职业教育现代化治理水平和能力,达到职业教育治理愿景和目标。

4.2　认识产教融合治理体系

4.2.1　德国产教融合治理

由于职业教育的社会性、实践性及跨界性等特征,产教融合现已逐步发展为国家战略,是职业教育健康发展的必经之路。职业教育产教融合治理体系是一套由机构组织体系、政策法规体系、制度条例体系以及质量评价与保障体系等构成的有机系统,其宗旨是推动产教深度融合,打造命运共同体。我国职业教育的产教融合从政策制度架构到实践行动落实做了大量有益探索和实践,但治理层面也还存在诸多亟待解决的现实问题。德国职业教育始终秉承产教融合发展理念,历经数百年探索与发展,比较系统地构建了多元主体参与的完备的产教融合治理体系,有一定的参考借鉴价值。

1. 多元的治理主体构建了一体化协同治理机制

德国产教融合治理主体包括联邦政府、行业协会、工会组织、联邦职教所、联邦劳动局以及州政府与文教部长的联席会议。多元主体各有分工、各司其职,系统构建了职业教育的主管、协管、监管　体化的职业教育治理共同体。

联邦政府设有联邦教育与科研部、经济与能源部、内政部及劳动与社会部。联邦教育与科研部主要通过政策和项目积极支持推动职业教育发展,同时针对职业教育问题进行指导、培训,提供职业进修及相关项目支持,典型项目有“职业启动器+”;经济与能源部设有教育政策、职业培训与进修科,一方面负责职业培训条例、标准制定及培训监管,另一方面结合国家及地方经济及产业发展,负责开发新职业。比如,资助的“完美匹配职业计划”提供了 5 000 余个岗位培训位置,“欢迎飞行员”计划为 2 099 名难民提供了培训。职业教育与科研部下设有联邦职教所,主要负责职业教育研究、职业教育发展及职业教育促进工作。联邦职教所根据主管部门相关指示及要求推动职业教育相关法规条例落地、培训条例落地,协调支持并推动教育方案有效推广与落实等。联邦劳动局主要负责劳动就业介绍、管理及相关培训报备、统计工作,以及残疾人的关爱与帮扶工作,可派代表参加职教所相关决策会议。

行业协会设有教育委员会、工商协会、手工业联合会等组织,其中教育委员会对所有重要职业教育事项有知情权及咨询权;工商协会主要职责:积极参与双元职业教育,推动区域工商经济发展,以及负责国内外相关行业培训的组织、实施及考核鉴定;手工业联合会及其相关组织是德国手工业领域比较重要的机构组织,负责开发职业定向培训方案,为学徒提供生产实践岗位。

联邦职教所最高决策机构是决策委员会。决策委员会还会协调职业教育相关发展计划、决策咨询及建议达成共识,其成员主要有联邦政府教育与科研部、经济与能源部、劳动与社会部和内政部等4个机构的人员,以及8个雇主机构和8个雇员机构的成员代表,联邦劳动局和地方高级联合会派代表参加决策,主要提供咨询建议。2014年,德国成立了职业培训与继续教育联盟,承诺重点负责"双元制"职业教育培训资格获取、路径创新、场地落实、问题协调、质量提高、经验交流及培训产业数字化的研究、实践和推广,联盟成员还携手积极应对培训市场各类风险与挑战。

德国建立了各类各级的产、学、研沟通协调机制,还成立了专门的协调委员会及其他相关机构,制定了各类相关协调性协议,确保多元治理主体有效协同治理。产教融合治理体系中,政府起主导作用,企业及行会组织是关键主体,工会、联邦职教所和劳动局积极参与提供各种中间沟通协调平台和体制。

2. 完备的法律法规确保了多元实践主体的合法权益

德国重视法律法规及产教融合相关秩序规则的建立,先后从治理主体的资质到主体责任以及产教融合治理相关主体职责、运行与管理体制机制、工作程序、课程框架及考核评价等方面都建立了完备的法律法规体系及相关条例,形式有法律、条例、备忘录、协议、框架教学计划等。比如,多元主体协同制定的《培训条例》[通常被称为"Ausbildungsordnung"(AO)]一直在所有职业教育培训条例法规体系中占主导地位;经过多次修订和完善的《职业教育法》[在德国被称为"Berufsbildungsgesetz"(BBiG)]始终是所有职业教育实践共同体的行动指南,也是其他相关法律法规的重要遵循,对职业教育的组织、运行及管理及相关机构或部门都做了全面、系统、细致的约定并提出了具体要求;《手工业条例》是德国手工业自主管理及联合会的基本法,为手工业联合会参与职业教育治理提供了依据;《公司法》是企业运行管理的基本遵循,要求企业与工会积极磋商,加强与职业教育主管部门合作并积极主动参与职业教育。《职业教育法》《手工业条例》等制度明确了行业协会主管企业培训,管理企业培训的合同、考试以及国际合作等,甚至可以利用独特优势直接开办职业教育。《职业教育法》《公司法》等相关法规文件中,明确规定了工会具有职业教育参与权,可直接发声呼吁修订职业教育法,比如其中一位工会联合主席曾提出培训学员最低津贴制度及相关落实举措。

"双元"学习课程框架主要由教学框架计划及企业培训条例构成。联邦政府各部门和各州联合成立了职业教育条例与职业学校教学计划协调委员会,为培训条例和各州教学框架计划协同互融提供协调、帮助,并对培训课程、师资、条件等提出合理化建议,比如有建议培训条例应增加德国资格框架的职业能力导向和行动能力,培训应倡导理实一体化和行动导向教学,培训导师和教师应同时具备必需的专业理论和较为丰富的校外生产实践经验等。

德国政府会定期评估企业培训成本及收益,构建成本模型并不断研究迭代分析培训成本及收益,同时,政府还制定了《劳动促进法》,设立中央基金、联邦培训补贴,出台了培训相关贷款政策、税收减免优惠政策及特殊项目支持政策等,以解决企业在提供培训过程中所需资金和资源资助,保障企业培训合法收益。曾有调研分析,培训给28%的培训企业直接带来净收益,其他负责培训企业有中长期收益价值;政府对培训企业补贴资金一般会占到企业培训净收益的50% ~80%,个别企业或个别特殊培训项目有可能会获得100%的补贴资助。曾有调研显示,德国只有11%左右企业认为培训收益低于培训所付出成本,大多数培训企业对职业教育的成本收益还是非常满意。

3. 持续的价值、情感及责任认同积淀了产教融合文化信仰

德国产教融合治理体系中,多元治理主体对产教融合的积极性和主动性背后,除了有完备的政策支持和科学的利益保障机制,还有各方治理与实践主体对职业教育较强的价值认同、情感认同及责任认同。多元主体真正形成了超越各自本位利益的命运共同体。一方面,德国人受传统的宗教文化影响,普遍敬畏职业,有强烈的社会责任感;另一方面政府一直在积极倡导、鼓励并提供政策保障吸引企业及各类社会组织积极参与职业教育。在政府积极主导下,企业及社会各类组织敬畏行业、产业,重视对人才的专门化培养,公共法规曾要求企业有义

务和责任将学徒送往职业学校参加培训。在数百年学徒制培养传承基础上,各类治理组织不断协同,制定并完善了培训法规、条例、标准、流程及规范等相关制度条例。各州文教部长携手雇主协会、工会、工商会、手工业联合会等组织联合发起"职业教育周"活动,德国总统施泰因迈尔及其夫人曾参加过该项活动,对职业教育的社会价值和意义进行了充分肯定,并和相关活动组织人员共同讨论职业教育的机遇和挑战。各类重视职业产教融合的活动举办和媒体的广泛宣传,不断强化多元主体对积极参与职业教育的价值认同、情感认同及责任认同构建,久而久之,产教融合系列治理体系根植于职业教育文化土壤,积淀形成了具有强烈责任感和使命感的产教融合文化信仰和精神信念并不断得以传承和发扬光大。

4.2.2 产教融合治理变革

职业教育的产教融合已上升为一种国家战略,成为职业教育蓬勃发展的原生动力,产教融合治理是推动职业教育现代化治理的直接抓手。现实中尽管有产教融合政策的强引导、政府的强推动、校企的强主动,但并未促成产教融合强治理,多元主体共治共管共生格局尚未完全形成。目前,部分职业院校产教融合项目仍以"朋友关系"入驻,校方主要以购买企业服务、企业提供服务等方式进行浅表层、松散式、低水平合作。这种合作实际上是作而不合、合而不融,无法形成"互信、互联、互利"的校企深度融合机制。校企命运共同体的治理体系尚需大力探索和突破。职业教育产教融合政策治理伴随计划经济到市场经济发展,先后经历了由政府单一主体办学治理到企事业单位多元主体协同治理,再到多元主体高参与治理。其治理模式演变如下。

1. 政府单一统筹治理阶段

中华人民共和国成立后召开全国第一次教育工作会议,将为工农和生产建设服务确定为新民主主义时期的教育方针。1958 年,中共中央、国务院发布《关于教育工作的指示》,明确提出"一切教育行政机关和一切学校,应该受党委的领导",此阶段主要强调教育由政府统一管理,强调教育有计划配合生产建设培养专门人才。

2. 多元主体协同治理阶段

改革开放以来,职业教育通过"厂校挂钩""联合办学""前店后校"等多种模式开始逐步融入市场,探索校企联合办学。1991 年,国务院发布的《国务院关于大力发展职业技术教育的决定》提出产教结合、工学结合,标志职业教育产教融合治理逐渐走向现代企业治理新阶段。随后,《国家教育委员会关于推动职业大学改革与建设的几点意见》《国务院关于大力推进职业教育改革与发展的决定》《国务院关于大力发展职业教育的决定》《国家中长期教育改革和发展规划纲要(2010—2020 年)》等文件相继出台,提出有条件的学校可以和社会相关代表成立校董事会,"政府主导、行业指导、企业参与"等办学主张。2014 年,国务院印发的《国务院关于加快发展现代职业教育的决定》强调企业要发挥办学主体作用,鼓励社会各界积极组建职业教育集团,探索股份制及混合所有制办学。至此,多元主体办学格局基本形成,但总体来看,企业参与积极性不高,从某种角度制约产教融合发展。

3. 多元主体积极治理阶段

2017 年,国务院办公厅发布的《国务院办公厅关于深化产教融合的若干意见》,首次以官方名义明确深化产教融合,健全多元主体办学机制,全面推动校企协同育人。随后,《职业学校校企合作促进办法》《国家职业教育改革实施方案》《建设产教融合型企业实施办法(试行)》《中华人民共和国职业教育法(修订草案)》《中华人民共和国民办教育促进法实施条例》《关于推动现代职业教育高质量发展的意见》等文件,明确要求积极鼓励扶持企业及社会力量参与办学,多措并举提高社会及企业参与办学的积极性,打造校企命运共同体。

4.2.3 协同治理理论基础

1. 社会系统论

该理论认为社会不同组织目标、关系及运作机制可以相互影响、相互整合并高度统一形成共生关系。社会组织从无到有、从小到大发展,其社会责任、义务及表达、发挥组织意愿和能力越来越强。基于此理论,产教融合可理解为一个持续、动态、协同和持续健康发展的系统治理过程,强调参与决策的科学性、解决问题的有效性、发挥作用的及时性以及治理结果的持续保障。

2. 公共治理理论

该理论兴起于 20 世纪 70 年代并迅速发展成为全球有影响力的治理理论范式。该理论认为多元主体通过广泛参与、分享权利及自由平等的对话等方式参与治理,一是可实现资源的有效匹配,二是可有效破解政府为中心的垄断治理格局,形成多中心协同治理、共同行动的格局,治理从单一的行政化管理转向社会化公共管理。产教融合治理可参照公共治理理论,促进职业教育从政府统筹管理转向社会化的多元主体积极参与的公共治理模式。

3. 社会主义协商民主理论

"民主"一词源自希腊文"demokrafia",古希腊城邦民主制的主要特征是人民共同讨论决定公共事务。全球影响力最大的两大民主体系分别是马克思主义倡导的民主理论和西方兴起的协商民主理论。中国特色社会主义协商民主理论衍生于马克思主义民主理论,倡导自由、平等参与联合事务,推进协商民主的广泛、多层、制度化发展与保障。产教融合多元主体的积极参与治理符合"多层、制度、广泛"的管理特征。

4.2.4 产教融合治理内涵

1995 年,全球治理委员会明确提出治理不是一套规则条例,也不是一种活动,而是一个过程,有赖于持续地相互作用。英国学者科尔巴奇(H. K. Colebatch)曾指出:任何政策执行都离不除政府之外的社会广大群体参与,通过参与,彼此逐渐达成一定默契和认可。德国职业教育之所以一直成为全球典范,其重要原因是政府、行业、企业及广大社会人士都是职业教育的参与者和决策者,德国职业教育模式是典型的多主体高度参与治理案例。

职业教育是面向行业、企业及社会的教育,离不开社会广大群体参与。传统的职业教育主要依赖政府主导单向运转,而现代产教融合背景下的职业教育,需要突破传统纵向维度的政府主导,探索在水平维度充分调动除政府以外的广大社会群体参与决策和管理,形成多元主体"共治共管"的产教融合治理体系,有效保障学校、企业、学生及雇主各方的利益。产教融合治理体系各方主体秉承互信、互联、互利原则,为实现共同合作目标彼此深度参与管理。该治理体系充分整合优化资源,各自按约定履行义务并享有对等权利,具备多元治理主体、精准资源供给、多样治理对象、高效决策执行以及科学评价指标体系等特征,涵盖组织、制度、育人、评价及保障等相关体系,其中组织包括治理主体,制度是治理依据,育人是治理目的,治理标准依赖于评价指标体系,相关保障体系提供有力支撑。各方主体参与决策与管理的质量及效果是该体系能否可持续运营的关键。

4.2.5　产教融合治理路径

1.构建并完善产教融合制度体系

制度始终是产教融合治理依据。产教融合治理路径为制定并完善法律法规及相关制度体系,包括构建并完善校企联合办学制度体系,办学主体权益保障相关法律制度体系,以及引导社会、企业积极参与办学的激励机制等,加快制定并完善推进混合所有制、股份制、现代学徒制相关制度体系,完善政府政策性财政补贴、税收减免、土地使用优惠、人才津贴等相关激励政策,依法依规支持并激励社会力量参与办学。

2.健全并完善产教融合组织体系

一是高度整合国家产教融合统筹规划和宏观管理的行政职能和部门,防止多个部门"碎片化"的多头管理、审批及重复建设等;二是鼓励各地政府结合区域产业及教育事业规划,成立专门组织和部门作为地方产教融合决策机构;三是学校层面要构建并完善产教融合相关组织管理机构,比如成立校企合作董事会,搭建良好的沟通协调机制;四是探索培育一批优秀的产教融合企业,做好学校教育与市场的有机衔接。

3.健全完善产教融合育人体系

专业是高等教育人才培养的基本形式,也是高等学校教育结构的基本单元,专业共建可以说是高职教育实施产教融合的根本任务及落脚点。高职院校在人才培养过程中要实现专业设置与产业需求、专业课程内容与职业标准、专业教学过程与生产过程三对接,就必须主动发力寻求优秀合作企业,探索专业在培养标准、内容体系、条件资源、教学科研、评价反馈五个维度与产业如何深度融合并创新改革,校企协同实现标准共定、方案共审、课程共建、师资共培、基地共用、项目共研、文化共融、人才共育等共建共融愿景和目标。健全完善校企共同育人体系,包括校企共建专业、课程、师资、实验室及就业基地等。学校可结合自身办学定位、行业及社会用人标准,与合作企业共同探索专业动态审批、调整、培优或淘汰机制。

4. 健全完善产教融合评价及保障体系

健全完善产教融合评价的组织管理、流程控制、绩效考核等机制,使评价的组织、制度、内容、标准、程序、方法等各要素相辅相成,发挥评价的导向、调节、诊断、激励与管理等功能,调动学校和企业共同参与专业共建的动力,实现"三对接五融合"的专业共建目标,即在培养标准、课程体系、师资队伍、实训基地、专业文化等五个维度与产业深度融合并创新改革,促进高职院校在人才培养过程中实现专业设置与产业需求对接、专业课程内容与职业标准对接、专业教学过程与生产过程对接,助力特色专业(群)发展。另外,还需不断完善优化条件及资源保障体系,包括校企骨干双师双岗互通机制、人才补贴机制,教科研平台共建共享机制等。

总之,职业教育产教融合治理是一个不断持续优化、完善的过程,我国职业教育相关产教融合治理结构及体系逐步形成,制定了系列产教融合型企业激励政策。借鉴德国职业教育治理特色,我国产教融合治理还需持续深化问题导向研究、规划和设计。相关建议如下:一是各级各类政府在职业教育产教融合中的具体主导作用、责任及工作机制需进一步明确;二是各级各类行业组织在职业教育中的参与作用、责任及工作机制需进一步明确;三是需进一步完善职业教育产教融合相关法律法规,不能只是制定一些鼓励性、引导性的政策制度,还需健全完善具有明确具体针对性,以及较强规范性和强制性的法律法规,规范产教融合各方治理主体非理性行为,避免治理风险;四是需进一步梳理产教融合治理框架、逻辑,围绕框架、逻辑建立完备的制度、条例及实施具体细则、标准和流程;五是建立良好的产教融合沟通、协同、评价与保障机制;六是坚持成果导向,积极引导培育产教融合相关教学成果,引导多元治理主体积极推动职业教育产教融合治理从相关政策制度转向系列实践行动,积极探索职业教育产教融合新模式、新路径和新方法;七是积极构建职业教育价值认同文化、情感认同文化和责任认同文化,融合职业教育的理念、思想、政策、制度、实践、理论等相关元素,逐步培育职业教育可持续良性发展的肥沃土壤。

4.2.6　产教融合治理制度构建

产教融合作为现代职业教育核心理念,旨在通过教育与产业的深度融合,实现资源共享、优势互补,进而提升职业教育的质量和效率。然而,当前高职学校在产教融合方面仍面临着诸多挑战,其中治理制度的缺失与不完善是制约其深入发展的关键因素。因此,构建科学、合理、有效的产教融合治理制度,对于推动高职学校与产业界的深度融合、促进职业教育与经济社会发展的紧密对接具有重要意义。

1. 产教融合治理制度的内涵与意义

产教融合治理制度是指为规范和引导高职学校与产业界在人才培养、科学研究、社会服务等方面的合作而建立的一系列制度规范。其内涵涵盖了政策引导、组织协调、资源配置、监督评价等多个方面,旨在通过制度化的方式,明确各方职责与权益,规范合作行为,提高合作效率,促进高职教育与产业发展的协同育人。

构建产教融合治理制度的意义在于:首先,它能够明确高职学校与产业界在产教融合过程中的角色定位与职责分工,确保双方能够形成合力,共同推动产教融合工作的深入开展。其次,通过制定具体的合作规范与流程,能够规范双方的合作行为,避免出现因信息不对称或利益冲突而导致的合作障碍。此外,产教融合治理制度还能够优化资源配置,提高产教融合工作的投入与产出比,实现资源的有效利用。最后,通过建立监督评价机制,能够对产教融合工作的成效进行客观评估,为未来的合作提供有益的参考与借鉴。

2. 产教融合治理制度的现状分析

目前,虽然高职院校在产教融合方面取得了一定的成效,但治理制度的建设仍显滞后。具体而言,存在以下主要问题。

首先,制度体系尚不完善。目前,关于产教融合的政策文件多为指导性意见,缺乏具体的实施细则和操作规范,导致在实际执行过程中存在较大的不确定性。同时,各高职学校在产教融合方面的实践探索也呈现出多样化的特点,缺乏统一的标准和规范。

其次,政策执行力度不够。由于产教融合涉及多个部门和主体,政策执行过程中往往存在协调不畅、责任不明等问题。此外,一些地方政府和高职学校对产教融合的重要性认识不足,缺乏足够的投入和支持,导致政策难以得到有效落实。

再次,协调机制不健全。目前,高职学校与产业界之间的合作主要依赖于双方的自觉性和主动性,缺乏有效的协调机制来保障合作的顺利进行。同时,由于双方的文化差异和利益诉求不同,合作过程中往往容易出现沟通不畅、利益冲突等问题。

最后,监督评价机制缺失。目前,对于产教融合工作的成效缺乏科学的评估标准和有效的监督手段,导致合作效果难以量化评估,也无法为未来的合作提供有益的反馈和改进建议。

3. 产教融合治理制度的构建策略

一是完善政策体系。制定具体的产教融合政策实施细则和操作规范,明确各方职责与权益,为高职院校与产业界的合作提供明确的指导。同时,加强政策的宣传和推广,提高社会各界对产教融合的认识和支持。

二是加强组织协调。建立多部门协同推进的工作机制,明确各部门在产教融合工作中的职责和任务,加强信息共享和沟通协作,形成工作合力。同时,建立高职学校与产业界之间的定期沟通机制,加强双方的交流与合作。

三是优化资源配置。加大对产教融合工作的投入力度,通过设立专项资金、建立合作平台等方式,为高职学校与产业界的合作提供必要的资源和支持。同时,引导社会资本参与产教融合工作,形成多元化的投入机制。

四是建立监督评价机制。制订科学的评估标准和有效的监督手段,对产教融合工作的成效进行定期评估和反馈。通过评估结果的分析和总结,发现合作中存在的问题和不足,为未来的合作提供改进方向和建议。

4. 产教融合治理制度的实施与保障

首先,加强组织领导。各级政府和高职学校应高度重视产教融合工作,将其纳入重要议事日程,明确领导责任和工作目标。同时,建立专门的工作机构或领导小组,负责统筹协调产教融合工作的推进和实施。

其次,强化政策宣传。通过各种渠道和方式,加强对产教融合政策的宣传和推广,提高社会各界对产教融合的认识和支持。同时,加强对高职学校与产业界之间的合作成果的宣传和展示,树立典型和标杆,推动更多的学校和企业参与到产教融合中来。

再次,加强人才队伍建设。培养一批懂教育、懂产业的专业人才,为产教融合工作提供有力的人才保障。同时,加强对高职学校教师的培训和指导,提高其参与产教融合的能力和水平。

最后,建立信息共享平台。利用现代信息技术手段,建立高职学校与产业界之间的信息共享平台,实现资源的共享和信息的互通。通过平台的建设和运营,促进双方之间的深度合作和共同发展。

4.3 认识现代化产业学院治理

4.3.1 现代产业学院治理简介

全球治理委员会在《我们的全球伙伴关系》报告中强调了治理的持续性相互作用过程,包括治理主体、治理内容和治理方式。在全球教育治理的背景下,权威治理、市场治理和自主治理的结合被广泛认同。在产教融合治理方面,美国和德国的模式相对成熟。

我国产教融合治理的逻辑正在发生转变,从政府单主体管理逐渐转向社会多元主体共治,进而演变为多主体高参与的现代治理。产业学院作为这一转变的重要载体,其治理本质在于对校企合作各方的权力、资源和利益进行分配与制衡。产业学院的治理过程涉及多方利益博弈和政治互动,治理主体的职责和角色定位反映了社会对治理的期待。

产业学院治理体系作为国家教育治理体系的一部分,与国家治理体系紧密相连,涵盖了管理体制、运行机制和育人机制等多个方面。产业学院是由学校、企业和政府合作构建的,科学合理的治理体系对于平衡市场、教育和政府之间的关系至关重要。

产业学院治理内涵可以从国家治理体系的多个视角进行阐释,治理的本质在于对资源、利益和权力进行有效分配和约束。产业学院涉及多元主体、多元利益和多维价值,治理过程具有复杂性。整体性治理作为一种新兴理念,通过信息和网络技术,构建共享、共治机制,对于解决产业学院治理中的目标利益冲突、价值取向差异和权力结构失衡等问题具有针对性和适用性。

产业学院作为职业教育的新型基层教育组织,其治理面临着教育逻辑和市场逻辑之间的固有冲突。为应对这些挑战,产业学院需要变革和创新管理体制和运行机制,构建系统的治理体系,以提升其整体治理能力和水平。

综上所述,产业学院的治理是一个复杂而重要的过程,需要综合考虑多元主体的利益、价值和权利,借助整体性治理等先进理念,实现治理现代化,促进产业学院的健康发展。

4.3.2 现代产业学院治理困境

产业学院的应然状态是教育、产业及社会相关群体形成命运共同体,彼此应有共同的价值取向、社会责任感和使命感。但现实中由于参与主体多元性,多元主体利益及价值诉求差异性,以及学校教育运行规律和企业市场运行规律的差异性,在治理过程中很难有较强的向心力和凝聚力,产业学院整体性运行机能欠缺,再加之现存教育制度安排无法为多元主体协同治理提供有效激励和约束,法律欠缺和价值冲突两大困惑导致产权制度和治理模式两难,办学缺乏独立性、自主性和灵活性,主体行为受个体理性驱使偏离集体理性目标,校企很难形成命运共同体。其具体原因分析如下。

1. 价值取向冲突

产业学院多元主体心理或行动实践趋势源于其多元主体价值取向。学校主要职责是教书育人、科学研究、社会服务及文化传承。学校联合企业共建产业学院的最大诉求是教科研资源、办学经费的有效整合和补给,从而提高学校整体育人水平,提高教学科研及政府服务社会的能力,其价值取向重在"社会价值",即社会的贡献度和服务能力。企业价值取向重在市场经济中的"经济价值"。企业联合学校共建产业学院主要关注点在企业品牌输入及学校人力资本和相关资源如何转化为企业赖以生存与发展的经济效益。一方面,政府在产业学院治理中担负宏观指导与协调能力;另一方面,为产业学院健康发展持续提供政策及制度保障,其价值取向重在"政治价值"。另外,政府及企业比较坚持绩效导向,善于运用由上而下科层制开展政治及市场的强权管理和绩效考核,尤其企业类似于"工具主义"的目标价值取向,与高等学校倡导的"学术自由""人本情怀""百年育人"的相关价值理念冲突。多元主体的价值取向的差异性短期内会触发产业学院治理难以统筹协调。

2. 权利结构失衡

多元主体协同治理是产业学院健康发展的基本原则和前提条件,但协同治理前提是各主体权力结构均衡。现实中产业学院大都成立于学校内部,其治理大多沿用了学校传统二级学院治理模式,缺少多元协同共治理念、机制和文化,管理过程中学校传统行政管理色彩不自觉先入为主导入。学校权力独大,合作企业被压制而无法实际参与办学过程,话语权、决策权及人、财、物独立支配权不够,不能有效发挥主体职能,相关权益得不到根本保障,采用非情愿或敷衍了事的被动合作心态。这种一方独大的治理主体结构模式最终导致产业学院治理主体单一化和权力单向传动,校企协同性理念久而久之逐渐消失,校企相互抱怨扯皮,产业学院最终呈现低效、混乱治理局面,或非整体性协同治理带来的此起彼伏的焦灼困顿局面,学校不得已解除合作又重新回归到闭门办学的局面。

3. 法规制度欠缺

健全的政策法律法规及制度条例体系是多元治理主体在推进产业学院建设工作中的行动准则,既具有较强的引导性和激励性,也具有一定的约束性和强制性。国家及部门地区主管部门先后出台了系列推进产业学院建设的文件,但这些文件一是重在宏观引导、激励,缺必要的实施层面的强制性和约束性办法和条例;二是对各方治理主体在针对性具体性工作的职责界定不明确;三是对各方治理主体权利及利益缺乏必要的支撑和保障;四是缺乏必要的制度、规范及条理性文件,无法为各方治理主体就产业学院相关工作具体落实与评价提供基本遵循和依据。

4.3.3　现代产业学院治理模式与核心要素

1. 现代产业学院治理模式

现代产业学院治理模式是指在学院运行过程中,通过构建科学有效的组织架构、管理机制和运作方式,实现学院与产业界的紧密合作与深度融合。治理模式主要关注学院内部的组织结构、决策机制以及利益相关者的参与方式,强调多方参与、协同治理,旨在打破传统教育模式的束缚,推动高等教育与产业发展的良性互动。治理模式决定了学院如何运作,如何协调各方资源,以及如何实现教育与产业的深度融合。现代产业学院作为高等教育与产业发展紧密结合的新型组织形式,其治理模式对于实现教育资源与产业资源的优化配置、促进产学研深度融合具有重要意义。通过加强顶层设计、完善法规制度、强化合作机制以及提升治理能力等,可有效地推动现代产业学院治理模式的完善和发展,为培养更多适应产业发展需求的高素质人才提供有力保障。

常见治理模式包括理事会或董事会领导下的院长负责制、党委领导下的院长负责制以及理事会或董事会领导下的双院长负责制等。这些模式各具特色,但核心都是实现有效的协同治理,确保学院运行的高效性和目标的达成。

2. 现代产业学院治理核心要素

(1)组织架构:现代产业学院的组织架构通常采用理事会或管理委员会形式,由政府、企业、高校等多方代表共同组成,负责学院重大决策和战略规划。这种组织架构能够确保各方利益平衡和资源共享,推动学院与产业界深度合作。

(2)决策机制:是现代产业学院治理模式的关键环节。通过建立科学民主决策程序,确保各方代表能够充分表达意见、参与决策过程。同时,引入专家咨询和评估机制,提高决策的科学性和有效性。

(3)资源配置:现代产业学院治理模式注重资源优化配置和高效利用。通过加强与产业界的合作,获取更多的产业资源和技术支持,提升学院的教学和科研水平。同时,建立灵活的资源调配机制,根据学院发展需要和市场变化及时调整资源配置。

(4)人才培养:是现代产业学院的核心任务。通过构建与产业发展相适应的人才培养体系,设置符合市场需求的专业和课程,采用产学研一体化的教学方式,培养学生的实践能力和创新能力。同时,加强与企业的合作,为学生提供实习实训和就业创业的机会。

4.3.4　现代产业学院治理体系

现代产业学院治理体系是指学院在运行过程中,为确保教育资源与产业资源的优化配置,提升人才培养质量,所构建的一套科学、规范、高效的治理结构和运行机制,是一系列制度、机制、规则和方法总和,用于规范和管理学院内部各方行为,确保学院运行的有序性和高效性。具体来说,包括组织架构、权责划分、决策机制、监督机制等,旨在实现学院与产业界的紧密合作与深度融合。随着经济社会发展,高等教育与产业界联系日益紧密,现代产业学院作为连接教育与产业的重要桥梁,其治理体系构建显得尤为重要。

1. 现代产业学院治理体系意义

(1)适应产业发展需求:随着产业结构的升级和转型,对人才的需求也发生了变化。构建现代产业学院治理体系有助于更好地对接产业发展需求,培养适应产业发展的高素质人才。

(2)推动高等教育内涵式发展:通过构建现代产业学院治理体系,可以推动高等教育与产业发展的深度融合,实现教育资源的优化配置和高效利用,推动高等教育向内涵式发展转变。

(3)提升人才培养质量:现代产业学院治理体系强调产学研深度融合和校企合作,有助于使学生更好地了解产业发展趋势和市场需求,提升其实践能力和创新能力,从而提升人才培养质量。

2. 现代产业学院治理体系构建

(1)明确治理目标和定位:根据学院特色和产业发展需求,明确治理目标和定位,确保治理体系的建设符合学院发展的实际需求。

(2)优化组织架构:构建由政府、高校、企业等多方参与的协同治理组织架构,明确各方职责和权益,形成合力推动学院发展。

(3)完善管理机制:建立健全包括决策机制、执行机制、监督机制等在内的管理机制,确保学院运行的规范化和高效化。

(4)创新运作方式:通过产学研深度融合、校企合作等方式,实现教育资源与产业资源的共享与互补,提升学院的办学实力和人才培养质量。

(5)加强治理团队建设:引进和培养具有产业背景和教育经验的治理人才,提升治理团队的专业素养和治理能力。

治理体系的构建则更侧重于学院治理的整体框架和结构设计,它关注学院内外部各方的权责划分、管理机制的设计以及治理结构的优化,以确保学院的高效运行和持续发展。它更多关注制度层面,包括组织架构、管理机制、运作方式等。现代产业学院治理体系的构建是一个系统工程,需要政府、高校、企业等多方的共同努力。通过明确治理目标和定位、优化组织架构、完善管理机制、创新运作方式以及加强治理团队建设等措施,可以构建出一套科学、规范、高效的现代产业学院治理体系,为学院的健康发展提供有力保障。

4.3.5 现代产业学院治理路径

现代产业学院治理路径是指实现治理模式的具体方法和步骤,关注如何从当前状态过渡到理想的治理模式,以及在这个过程中需要采取哪些措施。治理路径通常包括明确治理目标、设计组织架构、建立决策机制、完善监督体系等步骤。这些步骤需要按照一定的逻辑顺序进行,以确保治理过程的连贯性和有效性。具体实施路径建议如下。

1. 目标与定位的确立

现代产业学院治理工作首先需明确治理目标与定位。这不仅是学院发展的方向指引,也是制订各项治理措施的基础。学院应紧密结合产业发展趋势、市场需求及自身资源优势,制订既符合实际又具有前瞻性的治理目标。这些目标应涵盖学院的发展方向、人才培养目标以及产学研合作的具体方向,确保学院在激烈的市场竞争中保持领先地位。在确立目标与定位过程中,学院还需注重与政府、企业等外部主体的沟通与协作,共同构建符合产业发展需求的治理体系。通过明确目标与定位,学院能够形成清晰的发展蓝图,为后续的治理工作奠定坚实基础。

2. 政策与制度保障

政策与制度是现代产业学院治理重要保障。政府应加强对学院顶层设计,出台系列支持政策,为学院发展提供有力保障。这些政策可以包括资金扶持、税收优惠、产学研合作引导等方面,旨在激发学院的办学活力和创新动力。同时,学院自身也应完善内部管理制度,如章程、管理规定等,确保各项治理工作有法可依、有章可循。此外,参与制订行业标准、技术规范等外部标准,也是提升学院行业影响力和话语权的重要途径。

3. 产学研合作深化

产学研合作是现代产业学院治理的核心环节。学院应加强与产业界、科研机构等的合作,共同推动科技创新和成果转化。通过建立产学研合作平台、开展联合研发、共同培养人才等方式,实现资源共享、优势互补,推动产业学院与产业界的深度融合。在深化产学研合作的过程中,学院应注重合作机制的创新与完善,确保合作的稳定性和持续性。同时,加强与合作伙伴的沟通与协作,共同解决合作过程中出现的问题和挑战,推动产学研合作不断取得新成果。

4. 组织架构与管理优化

优化组织架构与管理机制是现代产业学院治理的关键举措。学院应根据治理目标和定位,设计科学合理的部门设置和职责划分,确保各部门之间的协同配合。同时,建立高效的决策机制和执行机制,提高学院的管理水平和运行效率。在组织架构方面,学院应注重扁平化、灵活性的设计,以适应快速变化的市场环境和产业需求。在管理机制方面,学院应引入现代管理理念和方法,加强信息化建设,提升管理的智能化水平。

5. 监督与激励机制强化

监督与激励机制是现代产业学院治理的重要保障。学院应建立健全内部监督机制,对学院的运行情况进行全程监督,确保各项治理措施得到有效执行。同时,建立科学的评价体系和奖惩机制,激发教职工和学生的积极性和创造力。在监督方面,学院可以设立监事会或督察机构,对学院的决策、执行等环节进行监督。在激励方面,学院应注重物质激励与精神激励相结合,为教职工和学生提供广阔的发展空间和成长机会。

6. 共建共管共享机制构建

(1)构建"互信共担、互联共频、互利共生"的共建共享机制

"互信、互联、互利"是产业学院统一行动逻辑的前提条件和根本保障。首先,产业学院各方主体利益基点及诉求不同,难免存在各种矛盾和冲突,这就要求多元主体摒弃狭隘的本位主义,基于产业学院公共价值取向及整体利益视域背景,立足高远,彼此信任,辩证地看待产业学院整体及公共利益与局部、私人个体利益关系并适当妥协,树立"互信共担"的利益共创理念;其次,产业学院应以整体性思维为根本,以维护产业学院公共利益为目标,搭建平台,构建"互联共频"的利益协调、沟通及表达机制;最后,产业学院应以契约方式明确多元主体利益分配标准、权重、周期,构建"互利共生"的利益支持、约束、评价、激励等相

关保障机制,调动各方利益主体积极性的同时还要有效约束个别机会主义行为。总之,通过互信、互联、互利的利益治理机制,产业学院资源高度统筹整合、系统运作,有效落实众望所归的产业学院整体公共利益最大化及多元主体个体利益最大化,整体形成可持续发展的利益共建共享机制。

(2)构建"职责明确、权利均衡、功能互补"的共治共管机制

产业学院治理过程既要遵循传统行政科层体系,更要遵循教育教学及人才培养成长规律,遵循市场规律;既要遵循传统高校的学术逻辑,又要遵循市场主导的市场及社会逻辑,要确保各方主体有公平、公开的话语权、管理权、决策权及监督权。产业学院各方主体权利均衡、功能互补,坚持共同领导、整体协调、统一行动逻辑。产业学院章程需明确各类治理主体职责范围及权责关系,明确如何充分发挥各类治理机构的监督与反馈职能。通过建立纵横交错的权力制衡机制,促进各方主体提高权责意识,明确权责边界及应尽职责,协同发挥"政府主导、学校主体、企业主力"功效,避免产业学院偏离立德树人的目标,沦为社会某些群体单纯逐利的工具或培养人才的工厂,避免学校一方独权所带来的决策盲目性和随意性,积极主动面向社会及市场依法办学。

(3)构建"价值认同、情感认同、责任认同"的共认共融文化信仰

一方面,产业学院承载企业及社会所需人才培养功能;另一方面承载学校和企业价值的相互延伸与融合功能。产业学院文化既有学校人才素质培养及人格健全的使命文化,又有关注企业员工的规范规则及竞争意识的经营文化。把看似冲突的校企文化互融成产业学院文化信仰是一个双向奔赴过程,一是政府、社会及学院要营造尊重职业、崇尚职业、热爱职业的风气,做好观念引领、制度引领、责任引领,积极构建职业教育社会认同感和责任感;二是产业学院要主动走进行业、企业,将企业文化深度融入课程、课堂及校园文化建设;三是各级各类治理主体及相关主管部门需要加强职业教育周及各类活动宣传与推介;四是加强校企骨干双师对产业学院的定位、功能及使命、责任引导,培养他们主人翁意识和责任感,引导他们关注校企文化共融共生理念,关注教书育人使命,关注学生及其自我成长,不放大校企偶尔存在的分歧或矛盾。针对产业学院的各种理念、政策、制度及丰富的实践活动,久而久之就会形成产业学院独有的文化信仰。

4.3.6 现代产业学院治理保障机制

新时代背景下,现代产业学院作为推动产教融合、校企合作的重要载体,其高效运行与持续发展离不开一套科学完善的机制保障。这一机制保障涉及政府、企业、学校和学院等多个层面,是一项系统工程。各方主体需共同参与,形成合力,以确保产业学院在人才培养、科学研究、社会服务等方面取得显著成效,为地方经济的繁荣和人才培养质量的提升提供有力支持。

1.政府引领:政策护航筑基石

政府在产业学院保障机制中发挥着关键作用。政府应从政策和法律层面为产业学院提供机制保障,包括建立激励补偿机制,激发企业参与高校办学的积极性。同时,改革资源配置方式,提升高校的办学活力。此外,政府还应进一步完善有利于应用型人才培养和应用型项目研发的导向性政策,以及学生实践安全保障等引导性政策。在组织层面,政府应推动成立国家层面的校企合作协会或地区层面的校企合作组织,形成协同互动的"对话"平台,对产教深度融合的重大问题进行通盘规划和统筹。

2.企业协同:合作育人谱新篇

企业在产业学院的保障机制中扮演着重要角色。企业应主动与高校合作制订培养方案,根据企业需求、用人标准和学生实际,构建应用型人才能力矩阵与课程体系。同时,支持高校在企业建设生产性实训基地,配合学校实施课程教学,并承担部分专业课程的教学任务。此外,企业还应与高校协同成立产业技术研发机构,联合申报项目,开展联合研究、联合开发,突破企业生产共性关键技术。

3.高校主动:服务产业拓新途

学校在产业学院的保障机制中发挥着主体作用。高校应强化对行业企业的主动服务意识,以自身办学实力吸引合作伙伴。同时,强化"亲产业、跨学科、重应用"的办学理念,打破封闭单一的办学模式,积极搭建与地方政府、行业、大型企业合作的平台并形成常态对话制度。此外,高校还应强化专业改革意识,建立专业动态调整及内部改进机制,形成专业与产业高度对接的专业体系及建设过程与行业企业互通互融的建设机制。

4.学院实践:机制创新促发展

学院作为产业学院的具体实施单位,其机制保障同样至关重要。学院应形成良好的管理和运行机制,建立适宜产业学院运行的组织、执行机构,为企业全程融入创造条件。同时,对学院发展规划、人才培养方案、课程开发、师资选派、课堂教学及实践环节、项目申报、实习学生管理等校企共同开展的事项进行协调和落实。此外,学院还应从校企合作管理机构运行、日常教学管理、学生管理、师资管理等方面,梳理与其他二级学院的差异,建立与企业合作的有关规章制度,构建确保产业学院有效运作的质量评价体系和质量保障体系。

4.3.7 现代产业学院治理模式典型案例与启示

案例一:常州机电职业技术学院——"五维协同"治理模式

常州机电职业技术学院积极响应国家职业教育改革号召,创新性地构建了"五维协同"治理模式,即制度规范化、文化愿景化、数据智慧化、协同一体化、质量持续化。这一模式通过强化制度建设的刚性约束,塑造积极向上的校园文化氛围,运用大数据提升管理效能,促进校内外资源的深度整合,持续优化教育质量监控体系,全面提升了学校的依法治校能力和综合办学实力。该模式不仅有效地推动了学院向现代职业教育体系的转型升级,还荣获了黄炎培职业教育奖"优秀学校奖"等多项殊荣,成为同类院校治理创新的典范。

案例二:云南机电职业技术学院——"云机电模式"下的产教融合新生态

云南机电职业技术学院以混合所有制改革为突破口,创新性地实施了"云机电模式",通过产权清晰界定、双轨运行机制和三混合(资本、人员、设备)策略,构建了校企深度融合的协同育人平台。该模式不仅实现了校企双方在资金、人力、物力上的高度融合,还促进了教育链、人才链与产业链、创新链的有效衔接,为培养符合市场需求的高素质技能型人才提供了有力支撑。同时,这一模式也为其他院校探索产教融合路径提供了可借鉴的宝贵经验。

案例三：中山职业技术学院——"镇校企联动"模式下的产业学院建设

中山职业技术学院紧密围绕中山市各镇的产业发展布局和战略需求，创新性地实施了"镇校企联动"模式，通过与镇政府、行业协会及龙头企业的深度合作，共建了一批特色鲜明的产业学院。以古镇灯饰学院为例，该学院直接嵌入当地灯饰产业园区，实现了教育链与产业链的深度融合。通过构建政校行企四位一体的协同育人机制，学院在人才培养、技术创新、社会服务等方面与各方开展了全方位、深层次的合作，不仅提升了学生的实践能力和就业竞争力，还促进了区域产业结构的优化升级和经济的可持续发展。这一模式为高职教育与地方经济社会的深度融合提供了生动案例和有益启示。

案例四：南京工业大学 2011 膜产业学院——"四共八同"引领产教深度融合

南京工业大学 2011 膜产业学院以其独特的"四共八同"协同治理模式，成为现代产业学院治理创新的典范。该模式通过共同管理、共建专业、共设基地、共组团队、共享资源、共创成果、共育人才、同向发展的八大核心要素，实现了教育链、人才链与产业链、创新链的深度融合。学院不仅依托国家级科研平台，搭建多学科交叉融合的创客空间，还积极引入企业资源，构建"双师双能"型教学团队，为学生提供了丰富的实践机会和创新创业平台。这种治理模式不仅提升了学生的实践能力和就业竞争力，还促进了区域膜产业的快速发展，为产教深度融合提供了宝贵经验。

案例五：湖北工业大学芯片产业学院——"四链融合"驱动创新发展

湖北工业大学芯片产业学院以"四链融合"为核心治理模式，即教育链、人才链、产业链、创新链的深度融合，为芯片产业的高质量发展注入了强劲动力。学院通过开设前沿本科专业，联合行业龙头企业共建实验中心，实现了教学与产业的紧密对接。同时，学院还积极拓展国际合作，与英国爱丁堡大学等世界知名高校开展联合人才培养，提升了学生的国际视野和跨文化交流能力。在科研创新方面，学院依托科研平台，组织科研团队开展技术攻关和产品研发，不断突破芯片技术瓶颈，为产业创新提供了有力支撑。这种治理模式不仅推动了学院自身的发展，也为芯片产业的创新发展作出了较大的贡献。

案例六:东莞理工学院粤港机器人学院——"五跨式"协同打造机器人教育高地

东莞理工学院粤港机器人学院以其"五跨式"协同治理模式,在机器人教育领域独树一帜。该模式通过跨境、跨校、跨学院、跨学科、跨专业的多元合作,打破了传统教育壁垒,实现了教育资源的优化配置和共享。学院与香港科技大学等国内外知名高校及东莞松山湖国际机器人产业基地等产业机构深度合作,共同培养具有国际视野和创新能力的机器人应用型人才。学院还以项目驱动为核心,引入企业真实应用场景的真问题、复杂问题,构建了项目制、模块化、进阶式的教学模式,提升了学生的实践能力和解决复杂问题的能力。这种治理模式不仅为机器人产业的快速发展提供了有力的人才支撑,也为现代产业学院治理模式的创新提供了有益探索。

以上案例展示了高职现代产业学院在治理模式上的创新和成效,通过政府、学校、企业等多方合作,实现了资源共享、优势互补和产教融合,为提升人才培养质量和推动产业发展作出了贡献。同时,这些案例也为其他高职现代产业学院提供了宝贵的经验和启示。

4.4 混合所有制产业学院探究

4.4.1 认识产业学院混合所有制

2014年5月,《国务院办公厅关于加快发展现代职业教育的决定》(以下简称《决定》),首次在职业教育教育领域提出经济学领域的"混合所有制概念",提出要探索发展"股份制、混合所有制职业院校"。《决定》明确了高职院校发展混合所有制的办学方向,也拉开了高职院校混合所有制改革大幕。职业教育混合所有制产业学院是高职院校与企业根据合作共建产业学院需要,按约定共同提供办学及人才培养相关资金及资源,深度融合所形成的一类相对独立的教育载体,并以契约方式明确校企双方共同拥有产业学院产权及股份占比。校企双方优势互补、资源共享、互利共赢,并能兼顾多方利益需求,比如地方政府产业及民生政策有效落地、教师专业成长及学生职业发展需求。相较于高职院校常规办学,混合所有制产业学院堪称"订单式培养升级版",一方面可有效缓冲教育逻辑和市场逻辑之间固有冲突,推动产业链、岗位链、技术链与专业链、课程链、人才链有机融合;另一方面通过校企混合增设新型组织机构,变革新型政策制度体系等,更有利于职业教育关注人才培养的针对性及适应性。混合所有制产业学院的持续生命力源于人才培养与市场实现零距离接轨,中介缓冲和增生变革是其生成逻辑。

4.4.2　混合所有制产业学院运行特点

1. 多元化治理

混合所有制产业学院由于投资主体及其产权结构多元,各方办学主体利益诉求多元,各主体在不同程度上具备参与产业学院治理权利,所以在治理体系中,需充分吸收各利益相关者加入协同治理,以发挥各主体参与产业学院建设的主观能动性和积极作用。

2. 产业化保障

混合所有制产业学院往往源于产业、根植于产业并服务于产业,因产业而建,有较强的产业面向和企业专属性,其合作企业本身来自产业的某个链条或某几类链条,有较强的上、中、下游产业链各类资源整合能力,确保产业学院所需的生产性项目、实践教学资源及企业导师等资源得到充分保障,确保产业学院所培养人才有效对接并服务于产业,从而促进产业学院良性可持续发展。

3. 综合化服务

相较于传统二级学院,混合所有制产业学院其市场属性较为明显,是一个相对独立的面向社会服务的综合性教育服务机构,不仅承担了技术技能人才培养工作,还可基于产业工作场景、导师团队等资源,面向产业承担科研、创新及社会服务等功能,包括对学校的专业技能培训、对企业员工的再培训,以及还可以面向社会承担行业及厂家专业技能资格及认证等综合培训。

4.4.3　混合所有制产业学院现实困境

混合所有制产业学院作为新时代产教融合重要探索,其发展过程不可避免面临诸多现实困境。本文结合国家政策、环境等因素,对混合所有制产业学院面临的困境进行深入分析,并提出相应的突破路径建议。

1.法律地位困境:模糊与期待

混合所有制产业学院在法律地位上还缺乏明确界定。尽管国家政策鼓励社会力量参与职业教育,推动混合所有制办学,但具体法律法规对于产业学院的法人身份和地位并未给予清晰明确的规定。这使得产业学院在合作过程中往往只能停留在资源互换、项目制或购买服务等方面,难以形成真正意义上的混合所有制或股份制合作。

突破路径建议:国家应加快出台相关法律法规,明确混合所有制产业学院的法人地位和法律属性,为其发展提供有力的法律保障。同时,地方政府和教育部门也应制定具体的政策措施,推动产业学院在法律框架内规范发展。

2.价值取向冲突困境:公益与逐利的博弈

学校和企业在混合所有制产业学院建设中的价值取向存在明显差异。学校更注重社会公益和人才培养质量,而企业则更关注利益最大化和风险防范。这种价值取向的冲突在产业学院运营过程中时常发生,成为制约其健康发展的卡点和堵点。

突破路径建议:建立有效的沟通协调机制,加强校企双方的沟通交流,增进相互理解和信任。同时,通过制订合理的利益分配机制和风险防控措施,平衡双方的利益诉求,实现共赢发展。此外,加强行业协会或第三方机构的监管和协调作用,促进校企合作的规范化和深入发展。

3.制度变革困境:体制与机制的桎梏

混合所有制产业学院的发展受到现行教育体制和机制的制约。一方面,国家法律法规对于二级学院的法人资格缺乏认可,使得混合所有制办学在产业归属和股权分配等方面面临困境;另一方面,学校层面的混合所有制办学往往难以突破体制机制障碍,导致混而不合的尴尬局面。

突破路径建议:深化教育体制改革,推动职业院校办学体制和机制的创新。探索建立适应混合所有制办学特点的现代学校制度,明确产权关系和权责划分,保障各方权益。同时,加强政策引导和激励机制建设,鼓励社会力量积极参与混合所有制产业学院的建设与发展。

4.4.4　国有混合所有制借鉴与参考

尽管国家政策层面提出了"混合所有制产业学院",但学界对此概念一直存在分歧。有学者针对公办职业院校混合所有制产业学院提出"基于产权合作共建办学实体"的混合所有制,其改革核心是产权及治理结构的优化和持续完善。混合所有制改革可以参考借鉴我国历经 30 年的国有企业混合所有制改革经验,以及逐步沉淀形成的中国特色现代企业制度相关治理规则。中国特色现代企业制度是从最开始以资本为中心协调内部利益的制度体系,逐渐演变成现行党委领导下及社会主义制度背景下,符合现代企业特征的制度体系,其治理结构由五会一层(股东会、董事会、监事会、党委会、职代会和经理层)构成。

混合所有制产业学院的资本属性、用人机制、价值追求及改革目标等内部治理等方面与国企混合所有制改革存在一定的契合性。中国特色现代企业制度提出坚持并完善"双向进入、交叉任职"领导体制,要求党组织充分融入治理结构及各个运行管理环节,这样有助于加强党的全面领导与支持。教育的公益性属性决定了混合所有制产业学院建立不能抛开教育教学规律只谈市场规律,但又绕不开资本及市场的充分拓展与合作,所以一方面既要鼓励多元主体积极谋取自身发展;另一方面又要积极维护国家、社会和人民根本利益并接受党委领导与监督,还要充分发挥市场在各种资源配置中的决定性作用。混合所有制产业学院的用人机制也可充分借鉴中国特色现代企业制度,比如采取"职业经理人"制度,遴选既有教育背景,又熟悉市场行业特点,且具备良好职业素养和较强专业技能的人作为混合所有制产业学院的"职业经理人",全权负责产业学院经营管理,其中"专业性"是职业经理人基本特征。中国特色现代企业制度的民主监督体系同样值得借鉴和参考,比如作为专门监督机构的监事会,独立于领导层、决策层和执行层并对其进行全面监督;广大教职工及社会团队、新闻媒体等都可以作为混合所有制产业学院民主监督的中坚力量。

4.4.5　混合所有制产业学院治理结构

1. 构建原则

混合所有制产业学院治理结构构建一方面要坚持党领导原则,另一方面要遵循教育公益性原则、市场性原则及民主集中制原则,还要体现"共建、共享、共担"的命运共同体原则。产业学院首先要明确"为谁培养人,怎样培养人,培养什么样的人"等根本性教育问题,并在产业学院章程中明确提出要全面坚持党组织的领导与融入。一方面是中国特色社会主义制度的优越性体现;另一方面也是切实维护产业学院多元主体及人民切身利益的根本保证。市场化引入资本创建混合所有制产业学院,可有效激发办学活力,深化教育供给侧结构性改革,但也要遵循人才培养的市场规律和教育教学规律,议事决策方面要坚持民主集中制原则,能够充分代表广大群体利益,要体现产业学院的社会责任感和使命感,体现产业学院多元主体合作共赢的愿景和目标。

2.治理结构

参考借鉴混合所有制产权结构特点,借鉴中国特色现代企业制度中的"五会一层"治理结构和高校常规基层组织设计,建议构建"党委领导、董事会决策、院长负责、专家治学、监事会监督、民主参与"的混合所有制产业学院治理结构。

党委和股东会是产业学院权力机构,党委和股东授权的董事会是产业学院决策机构,院长和职院专家是产业学院的具体执行机构,监事会、工会和纪委是产业学院监督机构,职代会是产业学院民主机构。各治理主体在党委全面领导下,基于民主充分参与,形成"决策—执行—监督—反馈"的闭环治理机制。各治理主体具体权责界限须在产业学院章程中逐一明确,既要充分保证股东会成员的"话语权",又要恪守高校人才培养基本遵循;既要确保产业学院各治理主体积极参与,又要避免产业学院沦为资本或权力角逐的工具,整体治理不缺位、不越位、不空位、不错位。各治理主体具体职责可以明确如下。

(1)党委全面组织领导:混合所有制产业学院党委主要是对产业学院加强政治、思想及组织的全面领导,为产业学院把牢方向并稳控大局,对产业学院各类决策做到事前审议、过程参与、实施支持。其成员主要在参与共建的多元主体中党员中遴选,"双向进入、交叉任职"实行双岗双责制。

(2)股东会与董事会投资决策:投入资本的各类主体构成混合所有制产业学院的股东会。股东会主要围绕资本的投入、管理及效益评价进行决策,把握产业学院的运营及投资规划,包括产业学院的建立、撤销、合并、变更等。股东会选举产生董事会,董事会是产业学院的日常决策主体,主要职责是锚定产业学院战略发展方向,科学决策重大重点事项,并有效预防化解运营风险,推动产业学院健康发展。

(3)院长与治学专家运营执行:借鉴中国特色现代企业制度,混合所有制产业学院所遴选的院长类似于"职业经理人"而非传统意义上的学术院长,该院长是激活产业学院办学活力,促进产业学院走向市场化的关键人物,其任职能力既能前瞻性把握产业和市场的方向与规律,又要具备对教育的专业性认知和一定的专业管理及实践能力,可通过"市场化进出、差异化薪酬、契约化管理"进行引、用、育、留。治学专家主要是协助院长落实好产业学院的人才培养、专业建设、学术科研等相关工作。治学专家既可以是校企管理者,也可以是校企骨干双师,既要协助院长严格恪守教育教学基本规律,遵守基本学术道德与规范,又要具体落实人才培养方案、标准、制度制订及实施过程监督、评估与反馈,确保人才培养与市场紧密无缝对接。

(4)监督机构与教代会监督维权:相较于传统产业学院,混合所有制产业学院的多元主体结构,更需要充分发挥各类机构的监督与反馈职能。具体监督机构包括监事会、工会和纪委。其中,监事会成员主要来自股东及员工代表,不兼任院长或董事会成员,其主要职责是监察产业学院财务及产业学院高管履职情况;工会是党和政府联系职工群众的纽带,一方面可引导教职工发挥主人翁的担当作用,积极支持产业学院建设;另一方面要依法参与民主监督管理,依法维护教职工合法权益;纪委主要监察党的路线、方针、政策及相关制度具体落实情况,维护党的章程,协助抓好党风建设及反腐工作。混合所有制的教职工来源、属性及利益代表都体现了多元属性,教代会是混合所有制产业学院民主管理的基本载体和沟通渠道,是教职工充分行使民主权利、维护教职工合法权益的基本机构。

4.4.6　混合所有制产业学院治理机制

1. 利益动态分配机制

利益始终是调动混合所有制产业学院多元主体积极性的源动力,科学、合理的利益分配机制、调整机制、补偿机制及优化机制都是产业学院得以可持续健康发展的必要条件,具体利益分配方式主要根据双方协议所约定义务、责任、风险及利益分配规则、比例而定。当然,伴随产业学院持续发展,利益分配机制也可随产业学院实际运行情况,在双方认可基础上按规则流程动态调整,签订补充协议。校企双方除了从产业学院本身角度设计利益分配机制,同时也要深切关注国家相关政策制度条例,多方寻求国家及社会的激励政策,对标内部做好产业学院质量内涵建设,对外做好社会培训及服务,争取更大更广阔的利益共享空间。

2. 资源共建共享机制

混合所有制产业学院建设目标之一就是要最大化实现校企资源互补共享,其共建共享资源包括教学内容资源、设备资源、项目资源、师资资源、实习实训条件资源及科研资源等。资源共享的类别、范围及共享程度,一方面取决于校企双方初始共同沟通达成的合作协议;另一方面取决于共建共享的动态利益分配及保障机制。比如,校企双方可以联合成立课程、教材等教学资源开发项目组。一方面双方可以在共建产业学院协议中定量定性约定所需合作开发的教学资源数量及质量;另一方面也可在合作过程中,以购买服务方式进行项目制合作。又比如,校企可以约定联合投建教科研项目及社会化服务平台。一方面某一方可以设备购买方式一次性投建;另一方面也可以双方按一定比例共同投建,平台所产生收益按约定比例提成。资源共建共享除了利益分配机制,更要有针对性地建立完善的运营保障机制,确保资源得到最大化共建共享和合理化利用。

3. 校企"双元"育人机制

纵观以往校企合作,包括现代学徒制,大都还是以学校单方面购买服务方式进行基地建设、师资建设、实验室建设及人才培养服务输送合作,或以短期订单班形式解决企业用工难问题,真正校企双主体模式双元联动开展人才培养的还是相对较少,原因是没有相对稳定的校企共同育人载体,混合所有制产业学院正好弥补了育人载体缺失,从人才培养的逻辑起点一开始就是校企双元模式一体化搭建共建共享育人及评价平台,再加之学生在很大程度上作为企业准员工身份展开教育和培训,所以其本身就是校企"双元"育人模式。为确保该模式可持续开展和进行,需健全系列"双元"育人机制,比如校企师资双岗互动机制、教材及教学资源共建共享机制、人才培养质量评价机制等。

4.4.7 混合所有制产业学院建设路径

混合所有制产业学院作为新时代职业教育发展的重要创新形式,其建设路径需从多个维度进行深入探索和实践。策略建议如下：

1. 深化教育体制改革，营造良好外部环境

(1)优化政策供给，强化政策引导。国家应出台更具操作性的混合所有制办学政策，为产业学院的建设提供明确的指导。各省级政府应根据本地职业教育和产业发展的实际情况，制订具体的实施细则和支持措施。同时，建立职业教育混合所有制办学研究机构，总结实践经验，形成系统的方法论和行动指南，增强政策的可操作性和实效性。

(2)加强宣传引导，凝聚社会共识。通过主流媒体和多种渠道，广泛宣传混合所有制办学的意义和价值，消除社会对混合所有制办学的疑虑和误解。强调混合所有制办学在推动职业教育现代化、提升人才培养质量方面的重要作用，引导社会各界形成支持混合所有制办学的共识。

2. 面向产业链构建专业群，创新人才培养模式

(1)科学规划专业群建设。紧密结合区域产业链的发展方向，高职混合所有制产业学院应科学制订专业群建设规划。依托行业组织的专业优势和企业的产业信息，深入分析产业链结构布局与发展状况，构建与产业发展需求相契合的专业群。同时，根据产业链结构调整态势，前瞻性地调整专业群结构、建设方向和人才培养规格，实现专业链、产业链与人才链的有机融合。

(2)以能力培养为核心，创新人才培养模式。针对现代产业发展对技术技能型人才素质能力要求的变化，高职混合所有制产业学院应创新人才培养模式。推行工学结合的人才培养模式，注重实践教学环节，充分利用校企共建的生产性实训基地，提升学生的综合职业能力。同时，紧跟现代科学技术交叉融合的趋势，围绕产业链核心技术，构建跨学科、跨专业的教学体系，培养适应现代产业发展需求的高素质技术技能人才。

3. 强化校企合作，构建产教融合新机制

(1)深化校企合作层次。高职混合所有制产业学院应加强与行业企业的深度合作，共同制订人才培养标准、开发课程教材、建设师资队伍、管理实训基地等。通过共同开展技术研发、成果转化等活动，实现资源共享、优势互补，推动产学研深度融合。

(2)构建产教融合新机制。建立健全产教融合的政策保障和激励机制，推

动政府、学校、企业、行业组织等多方协同育人。探索建立混合所有制产业学院的治理结构和管理机制,确保各方利益的平衡和协调发展。同时,加强产教融合的质量监控和评估,确保人才培养质量和社会效益的提升。

4. 增强产业服务能力,打造优质教育品牌

高职混合所有制产业学院的建设与发展,应致力于提升产业服务能力,树立特色化办学理念和品牌化经营思维,从而打造具有行业高认可度、社会高美誉度、高识别度的教育品牌。

(1)树立特色化办学理念,建立教育品牌。学院应深入剖析自身的资源禀赋和优势,明确办学定位,形成差异化的育人特色。通过优势专业的建设、人才培养模式的创新,形成独特的教育品牌。同时,注重打造特色化的品牌文化,将企业文化中的优秀元素融入校园文化,形成独具一格的学院文化品牌。

(2)强化产业服务能力,彰显品牌价值。学院应不断提升自身的科研攻关能力,优化科研激励机制和成果转化机制,为产业转型升级提供有力支持。同时,主动承担社会服务职能,设立职业培训中心,开发多样化的职业培训课程,提升地区人口就业率,彰显学院对产业发展的贡献度,形成职业培训品牌效应。

5. 构建校企深度融合育人共同体

混合所有制产业学院的核心在于校企共同育人。双方应弥合分歧,融合育人理念,实现教育链与产业链的对接。

(1)推动校企文化有机融合。营造兼容并蓄的合作氛围,尊重人才培养规律,共同推进产业学院的建设和发展。职业院校应完善课程体系和教学方法,提升学生的专业知识和实践能力;企业应认识到技术技能人才的价值,为人才培养提供支持和保障。

(2)协同推进产业学院建设。从师资联合培养、专业共同设置、资源交叉配置、产学研相互转换等方面实现深度融合,提升人才培养效率和质量。建立沟通协调机制,提升资源整合和沟通协调能力,确保校企合作的顺利进行。

6. 明晰产权归属和股权分配结构

产权归属和股权分配是混合所有制产业学院健康运行的前提。

(1)强化制度建设和政策供给。政府应立法明确职业教育混合所有制办学的产权归属,解决体制机制问题。同时,构建职业教育产权交易机构和市场,保障产权流转畅通。

（2）建立准入和退出机制。建立企业资本入股职业教育的准入资质审核制度，确保优质资本进入市场。同时，构建合理的产权退出机制，确保不影响学院的办学进度。

7. 搭建多元共治的治理模式和体系

由于产业学院的多元办学主体，需要构建现代化的治理体系，实现有限主导、多元共治。

（1）明确办学目的和主体性质。各办学主体应深入理解产业学院的办学目的和主体性质，形成共同的发展愿景和目标。

（2）探索多元共治机制。建立各主体间的沟通协调机制，确保决策的科学性和有效性。同时，发挥政府、学校、企业、行业组织等多方的作用，形成合力，共同推动产业学院的发展。

在现代教育体系中,现代产业学院作为职业教育改革的重要载体,其治理体系的设计不仅关乎学院自身的可持续发展,更直接影响教育链、人才链与产业链的深度融合。本章聚焦于利益相关者视域,深入探讨现代产业学院治理体系的设计逻辑与实践路径。通过分析高职院校、行业企业、政府、学生、教师、家长及社会公众等多元利益相关者的需求与期望,我们旨在构建一个兼顾各方利益、促进共同发展的治理框架。这一治理体系的设计,旨在打破传统教育管理的界限,实现资源的优化配置与高效利用,为现代产业学院的长远发展提供坚实的制度保障。

5.1 利益相关者视域下的治理分析

5.1.1 利益相关者定义与分类

1.利益相关者定义

利益相关者理论起源于20世纪60年代,是在对传统"股东至上"理论挑战中逐渐发展起来的。该理论核心思想是：企业的经营管理活动应综合平衡各个利益相关者的利益要求。在界定利益相关者时，不同学者提出了多种观点。弗里曼（Freeman，1984）认为，利益相关者是能够影响一个组织目标的实现，或者受到一个组织实现其目标过程影响的人。该定义相当宽泛，包括了股东、债权人、雇员、供应商、顾客，以及公众、社区、环境、媒体等。克拉克森（Clarkson，1994）则更强调专用性投资，认为利益相关者是在企业中投入了一些实物资本、人力资本、财务资本或一些有价值的东西，并由此而承担了某些形式的风险的个人或团体。

2. 利益相关者分类

随着理论的发展，学者们逐渐认识到仅界定利益相关者是不够的，还需要对其进行分类。分类方法多种多样，但大多基于利益相关者与企业的关系紧密程度、影响力大小以及投资形式等因素。例如，米切尔和伍德（Mitchell & Wood，1997）将利益相关者分为确定型、预期型和潜在型三类，依据其影响力、合法性和紧迫性三个属性。陈宏辉（2002）则根据利益相关者的属性，将其分为核心利益相关者、战略利益相关者和环境利益相关者。这些分类方法有助于企业更好地理解和管理其利益相关者关系。

5.1.2　利益相关者理论在治理体系中的应用

1. 公司治理中的利益相关者参与

在公司治理中，利益相关者理论应用主要体现在两个方面：一是公司治理结构的调整；二是公司治理机制的完善。首先，公司治理结构需要反映利益相关者的利益诉求，确保他们能够在公司决策过程中发挥作用。例如，通过引入独立董事、设立监事会等方式，增强公司治理的透明度和公正性。其次，公司治理机制需要建立有效的激励和约束机制，促使管理层在追求股东利益的同时，也关注其他利益相关者的利益。这包括完善信息披露制度、建立利益相关者沟通平台等。

2. 公共领域的利益相关者治理

在公共领域，如城市交通规划、环境保护、教育资源分配等方面，利益相关者的参与和治理同样重要。政府作为公共事务的管理者和决策者，需要充分考虑各利益相关者的需求和意见，通过民主决策机制制定更加全面和科学的政策。

企业、民间组织和普通公民作为重要的利益相关者,也需要积极参与公共事务的决策过程,确保自己的利益得到保障。例如,在城市交通规划中,政府可以通过广泛征求利益相关者的意见,制订更加符合各方利益的规划方案;企业则可以与政府和民间组织合作,共同提供交通服务和解决问题。

3. 资源性公用事业企业的利益相关者治理

对于资源性公用事业企业,如水电、燃气、通信等行业,利益相关者的治理尤为重要。这些企业往往具有自然垄断特性,其运营状况直接影响广大用户的利益。因此,在治理过程中,需要特别关注核心利益相关者的参与和利益保障。通过建立由"自上而下"的强制性制度和"自下而上"的诱致性制度相结合的治理绩效评价体系,可以确保各利益相关者的利益得到合理平衡。同时,还需要完善代理人的激励约束机制,降低代理成本,防止"内部人控制"现象的发生。

5.1.3 利益相关者视域下的治理理论原理

1. 利益相关者理论

(1)基本原理:利益相关者理论强调任何组织的发展都离不开利益相关者的投入或参与。在现代产业学院的治理中,这一理论为治理体系的设计提供了理论基础和框架指导。它要求在设计治理体系时充分考虑各利益相关者的需求和期望,确保他们的利益得到合理保障和实现。

(2)应用实践:通过利益相关者分析识别出关键利益相关者并明确其利益诉求;在治理体系设计中融入利益相关者参与和协同合作的机制;同时,加强信息公开和透明度建设以提高治理的公信力和透明度。具体应用如下:

一是治理结构的多元化。在现代产业学院的治理中,利益相关者理论的应用首先体现在治理结构的多元化上。这意味着治理体系需要吸纳来自高职院校、行业企业、政府、学生、教师、家长及社会公众等多方面的代表,形成多元化的治理主体。这种结构确保了各利益相关者的声音能够被听到,其利益诉求能够在决策过程中得到充分考虑。

二是决策过程的参与性。利益相关者理论强调各利益相关者在决策过程中的参与。现代产业学院应建立有效的参与机制,如定期召开理事会或管理委员会会议,邀请各利益相关者代表参与讨论和决策。同时,还可以设立专门的委员会或工作小组,负责收集和处理各利益相关者的意见和建议,确保决策的科学性和民主性。

三是利益分配的公平性。在利益分配方面,利益相关者理论要求现代产业学院在追求整体利益最大化的同时,兼顾各利益相关者的合理利益。这包括制订合理的利益分配方案,确保各方在合作过程中能够获得相应的回报;同时,还需要建立有效的利益协调机制,解决可能出现的利益冲突和矛盾。

2. 系统论

(1)基本原理:系统论强调将研究对象视为一个整体系统来进行分析和研究。在现代产业学院的治理中,这一原理要求将学院视为一个由多个利益相关者组成的复杂系统来进行治理体系的设计。

(2)应用实践:运用系统论的方法对学院的治理结构、运行机制、资源配置等方面进行全面分析和优化;注重各利益相关者之间的相互作用和相互影响;同时,加强整体规划和协调以确保学院系统的稳定和可持续发展。具体应用如下:

一是整体视角的治理。系统论将现代产业学院视为一个由多个利益相关者组成的复杂系统,强调从整体视角出发进行治理。这意味着在治理体系设计时,需要综合考虑各利益相关者之间的相互作用和相互影响,确保治理措施能够协调一致、相互促进。

二是结构与功能的优化。系统论要求对现代产业学院的治理结构、运行机制、资源配置等方面进行全面分析和优化。通过优化治理结构,可以明确各利益相关者的职责和权限;通过优化运行机制,可以提高治理效率和效果;通过优化资源配置,可以确保各项资源得到充分利用和合理配置。

三是动态调整与持续改进。系统论还强调系统的动态性和开放性。现代产业学院的治理体系需要随着外部环境的变化和内部需求的调整而不断进行动态调整和改进。这要求治理主体具备敏锐的洞察力和灵活的应变能力,能够及时发现和解决治理过程中出现的问题和挑战。

3. 公共治理理论

(1)基本原理:公共治理理论强调政府、市场和社会在公共治理中的协同作用。在现代产业学院的治理中,这一理论为政府、学校和企业等利益相关者在治理中的角色定位提供了理论指导。

（2）应用实践：明确政府在治理中的引导和支持作用；发挥学校在人才培养和科技创新中的主体作用；鼓励企业参与治理并提供资源和支持；同时,加强社会监督以确保治理的公正性和透明度。具体应用如下：

一是政府角色的定位。公共治理理论为政府在现代产业学院治理中的角色定位提供了理论指导。政府应发挥引导和支持作用,通过制定相关政策、提供资金支持等方式推动现代产业学院的发展；同时,政府还应加强监管和评估工作,确保学院治理的公正性和透明度。

二是学校与企业的协同作用。公共治理理论强调政府、市场和社会在公共治理中的协同作用。在现代产业学院的治理中,学校和企业作为重要的利益相关者应发挥协同作用。学校应充分发挥其在人才培养和科技创新方面的优势；企业应积极参与学院的治理和发展过程,提供实习实训、技术支持等资源支持。

三是社会监督的加强。公共治理理论还强调社会监督的重要性。在现代产业学院的治理过程中应加强社会监督力度,通过设立投诉举报渠道、邀请第三方机构进行评估等方式提高治理的公信力和透明度。同时,还应注重信息公开和透明度建设,确保各利益相关者能够及时获取相关信息并行使监督权力。

综上所述,利益相关者理论、系统论和公共治理理论为现代产业学院的治理体系设计提供了重要的理论支撑和实践指导。通过综合运用这些理论原理和方法论工具可以构建出更加科学、合理、高效的治理体系推动现代产业学院的持续健康发展。

5.1.4 利益相关者视域下治理体系构建原则

1. 利益最大化原则

（1）核心思想：在治理体系设计中,应追求各利益相关者的利益最大化,确保各方的合理诉求得到满足。这要求在设计过程中充分考虑各方的利益诉求,通过制度安排和机制创新,实现利益的合理分配和共赢。

（2）实践应用：例如,在合作项目中,明确各方的权利和责任,确保收益分配的公平性和透明度；在人才培养方案中,注重产教融合,提高学生的就业竞争力和企业的用人满意度。

2. 有效参与原则

（1）核心思想：鼓励和支持各利益相关者积极参与现代产业学院的治理过

程,确保他们的声音被充分听取和尊重。这有助于提高治理的民主性和科学性,增强治理决策的合理性和可接受性。

(2)实践应用:建立利益相关者参与治理的机制和渠道,如定期召开理事会会议、设立咨询委员会等,确保各方能够平等参与决策过程;同时,加强信息公开和透明度建设,提高治理的公信力和透明度。

3. 协同合作原则

(1)核心思想:强调各利益相关者之间的协同合作和相互支持,形成合力推动现代产业学院的发展。这要求在设计治理体系时,注重构建良好的合作机制和沟通平台,促进各方之间的信息共享和资源互补。

(2)实践应用:建立校企合作机制,推动产学研深度融合;加强政府、学校、企业之间的沟通协调,共同制定发展规划和政策措施;同时,注重学生、教师等内部利益相关者的参与和协作,营造良好的育人环境。

4. 风险共担原则

(1)核心思想:在治理体系设计中,应明确各利益相关者在面对风险时的责任和义务,建立风险共担机制。这有助于增强各方的责任感和风险意识,共同应对可能出现的挑战和问题。

(2)实践应用:在合作项目中,明确各方的风险承担比例和应对措施;在人才培养过程中,注重培养学生的风险意识和应对能力;同时,加强内部管理和制度建设,提高学院的抗风险能力。

5.1.5　利益相关者视域下现代产业学院的治理特征

1. 治理主体的多元化

现代产业学院的治理主体呈现出明显的多元化特征。学院不仅仅由学校(母体高校)单一主体管理,而是由包括学校、合作企业、政府、行业协会、学生及家长、教职员工等在内的多个利益相关者共同参与治理。这种多元化的治理主体结构,使得学院在决策、资源配置、人才培养等方面能够兼顾各方利益,形成合力,推动学院的全面发展。

2. 治理结构的联合型

现代产业学院的治理结构具有联合型特征。学院内部建立了政、校、企等多方参与的联合治理机制,通过理事会、董事会等组织形式,实现共同决策、共同管理。这种联合型的治理结构,有利于打破传统高校单一管理的局限,引入行业企业的资源和力量,促进产学研深度融合,提高学院的办学水平和竞争力。

3.治理目标的多重性

现代产业学院的治理目标具有多重性。学院不仅要实现人才培养、科学研究、社会服务等传统高校的基本职能,还要特别关注与产业发展的紧密结合,推动产业转型升级和创新发展。因此,学院的治理目标涵盖了提高人才培养质量、促进科研成果转化、服务区域经济社会发展等多个方面,这些目标相互关联、相互促进,共同构成了学院发展的综合目标体系。

4.治理机制的协同性

现代产业学院的治理机制强调协同性。学院内部各利益相关者之间建立了紧密的合作关系和沟通机制,通过共同参与决策、资源共享、优势互补等方式,实现协同治理。这种协同性的治理机制,有利于减少内耗和冲突,提高治理效率和效果,推动学院各项工作的顺利开展。

5.治理过程的透明化

现代产业学院的治理过程注重透明化。学院通过建立完善的信息公开和披露制度,及时向各利益相关者公开学院的运营情况、财务状况、治理决策等信息,保障各利益相关者的知情权和监督权。这种透明化的治理过程,有利于增强学院的公信力和社会认可度,促进学院的可持续发展。

6.治理结果的共享性

现代产业学院的治理结果具有共享性。学院在发展过程中取得的各项成果和利益,如人才培养质量提升、科研成果转化、社会服务贡献等,都将惠及所有利益相关者。这种共享性的治理结果,有利于激发各利益相关者的积极性和创造力,促进学院与社会的良性互动和共同发展。

5.1.6 利益相关者视域下现代产业学院治理体系构建方法

1.明确利益主体及其利益需求

(1)识别利益主体。需要明确现代产业学院的主要利益相关者,包括高职院校、行业企业、政府、学生、教师、家长及社会公众等。这些利益相关者在产业学院的运行过程中扮演着不同的角色,有不同的利益诉求。

(2)分析利益需求。通过调研、访谈等方式,深入了解各利益相关者的利益需求。例如,高职院校可能关注人才培养质量、科研成果转化等;行业企业可能关注人才供给、技术合作等;政府可能关注区域经济发展、政策引导等;而学生、教师等则可能关注教学质量、职业发展等。

2. 构建多元治理主体结构

(1)确定治理主体。基于利益主体的识别和分析,确定现代产业学院的治理主体。这些主体应涵盖高职院校、行业企业、政府等多个方面,形成多元共治的格局。

(2)明确职责分工。在多元治理主体结构中,需要明确各主体的职责分工。例如,高职院校应负责人才培养、教学科研等工作;行业企业应提供实习实训、技术支持等资源;政府则应承担政策引导、资金支持等职责。通过明确的职责分工,确保各主体能够各司其职、协同合作。

3. 建立利益表达与协调机制

(1)设立常设协调机构。为了有效表达和协调各利益相关者的利益诉求,可以设立一个常设的协调机构,如产业学院理事会或管理委员会等。该机构负责定期召开会议,听取各利益相关者的意见和建议,并就相关问题进行协商和决策。

(2)完善沟通渠道。除了常设协调机构,还需要建立多种沟通渠道,如座谈会、意见箱、网络平台等,以便各利益相关者能够随时表达自己的诉求和意见。通过这些渠道,可以及时了解各利益相关者的需求和关切,为治理决策提供有力支持。

4. 制订利益分配与激励机制

(1)制订利益分配方案。在治理体系设计中,需要制订合理的利益分配方案,确保各利益相关者的利益得到合理保障和实现。例如,在产学研合作项目中,可以明确各方的投入比例和收益分配方式;在人才培养过程中,可以设立奖学金、助学金等激励措施,鼓励学生积极参与学习和实践。

(2)完善激励机制。为了激发各利益相关者的积极性和创造力,需要建立完善的激励机制。例如,对于行业企业而言,可以给予其优先获得人才、技术支持等优惠政策;对于教师而言,可以设立教学科研奖励制度;对于学生而言,则可以设立优秀毕业生奖励等。通过这些激励措施,可以促使各利益相关者更加积极地参与现代产业学院的治理和发展。

5.加强监督与评估

(1)建立监督机制。为了确保治理体系的有效运行和利益分配的公正性,需要建立有效的监督机制。这包括内部监督和外部监督两个方面。内部监督可以通过设立内部审计、纪检监察等部门来实现;外部监督则可以邀请第三方机构进行定期评估或审计。

(2)实施绩效评估。为了检验治理体系的效果和效率,需要实施绩效评估。这可以通过设置一系列绩效指标来实现,如人才培养质量、科研成果转化率、企业满意度等。通过绩效评估,可以及时发现治理体系中存在的问题和不足,并采取相应的措施进行改进和优化。

5.1.7 利益相关者视域下构建现代产业学院治理体系挑战与对策

1.挑战

在利益相关者视域下构建治理体系面临诸多挑战。首先,不同利益相关者之间的利益诉求可能存在冲突,如何平衡各方利益成为一大难题。其次,信息不对称和沟通不畅可能导致利益相关者无法有效参与治理过程。此外,法律法规和监管机制的不完善也可能影响治理效果。

2.对策

针对上述挑战,可采取以下对策:一是加强利益相关者沟通和协作,建立有效沟通平台和机制;二是完善信息披露制度,提高治理过程的透明度;三是建立健全的法律法规和监管机制,确保各方利益得到平等保护和合理补偿;四是加强利益相关者治理的研究和实践探索,不断总结经验教训,提出更加科学和有效的管理措施。通过这些措施的实施,可以进一步完善利益相关者视域下的治理体系,实现利益相关者的共赢和可持续发展。

5.2 现代产业学院利益相关者识别

5.2.1 利益相关者定义与重要性

1.利益相关者定义

在现代产业学院中,利益相关者是指能够影响学院发展、目标实现或受学院目标实现影响的所有团体和个人。利益相关者通过不同的方式和途径与学院产生联系,对学院的运营、管理和决策产生重要影响。

2.利益相关者的重要性

识别和分析现代产业学院的利益相关者对于学院的健康发展具有不可估量的重要性。具体而言,体现在以下几个方面。

(1)促进决策的科学性和民主性:通过全面了解各利益相关者的需求和期望,学院能够制订更加科学合理的战略规划和决策方案,确保决策过程兼顾各方利益,减少冲突和矛盾。

(2)增强学院的适应性和竞争力:了解利益相关者的变化和需求,有助于学院及时调整办学方向和资源配置,以适应外部环境的变化和满足市场需求,从而提升学院的适应性和竞争力。

(3)提高教育质量和满意度:学生及家长作为教育服务的直接接受者,其满意度是衡量学院教育质量的重要标准。通过关注他们的需求和反馈,学院可以不断改进教学方法和管理模式,提高教育质量和满意度。

(4)促进产学研深度融合:合作企业作为学院的重要利益相关者之一,与学院的合作不仅有助于实现资源共享和优势互补,还能推动产学研深度融合,促进科研成果的转化和应用。

(5)构建和谐的外部环境和良好的社会形象:与社区、公众、行业协会等利益相关者保持良好的沟通和合作关系,有助于构建和谐的外部环境和树立良好的社会形象,为学院的可持续发展提供有力支持。

5.2.2 核心利益相关者识别

1. 高职院校

高职院校是现代产业学院的主要发起者和组织者,承担着教育教学、科研创新、社会服务等多重职能。高职院校的决策层和管理层对学院的战略规划、资源配置和教学质量负有重要责任。

2. 行业龙头企业

行业龙头企业是现代产业学院的重要合作伙伴,通过提供实习实训场所、参与课程开发、共建研发平台等方式与学院深度合作。龙头企业的参与不仅有助于提升学院的教学质量和科研水平,还能为学院带来产业前沿信息和市场需求动态。

3. 学生与教师

学生和教师是学院教学活动的直接参与者。他们的需求和希望会直接影响学院的教学质量和声誉。学生希望获得高质量的教育资源和就业机会,而教师则希望拥有良好的教学环境和科研条件。

5.2.3 间接利益相关者识别

1. 政府

政府在现代产业学院生态系统中不仅是政策制定者,更是推动教育与产业深度融合的关键力量。通过税收优惠、资金补助、项目立项等政策工具,为学院与企业合作搭建桥梁,促进技术创新和产业升级。政府的参与确保了学院发展方向与国家战略需求相契合,同时也为学院带来了政策红利和市场机遇,有助于学院吸引更多优质资源和合作伙伴。

2. 行业协会

行业协会作为行业内的权威组织,其角色在于促进产业内部交流、制订行业标准、推动行业自律。对于现代产业学院而言,行业协会是连接教育与产业的桥梁,能够提供最新的行业动态、市场需求预测、专业人才标准等信息,帮助学院精准定位人才培养方向。此外,行业协会还能协助学院与企业建立合作关系,推动产学研深度融合,共同解决行业面临的技术难题和人才需求。

3. 用人单位

用人单位不仅是学院毕业生的最终归宿,更是衡量学院教育质量和人才培养效果的重要标准。它们对人才的需求和标准直接反映了产业发展的方向和趋势。与用人单位建立紧密的合作关系,有助于学院及时了解市场需求变化,调整和优化课程体系和教学内容,确保人才培养的针对性和实效性。同时,用人单位的反馈和评价也是学院持续改进和提升教育质量的重要依据。

5.2.4　潜在与边缘利益相关者识别

1. 家长与社会公众

家长作为教育消费者的一部分,期望孩子能够接受高质量、有前景的教育,为未来的职业生涯奠定坚实基础。社会公众则关注教育的公平性和社会效益,期望现代产业学院能够为社会培养更多具有创新精神和实践能力的高素质人才。学院应积极回应家长和社会公众的关切,通过开放日、成果展示、社会服务等方式,增强透明度和社会影响力,树立良好的品牌形象。

2. 媒体与捐赠者

媒体在现代产业学院的发展中扮演着信息传播和舆论引导的重要角色。通过媒体的宣传报道,学院可以扩大知名度,吸引更多潜在合作伙伴和学生。同时,媒体也是监督学院运营、促进教育公平的重要力量。捐赠者作为学院发展的重要资金来源之一,其捐赠行为不仅体现了对教育的支持,也蕴含着对学院发展方向和成果的期待。学院应加强与媒体的沟通合作,积极传播正能量;同时,也应尊重捐赠者的意愿,确保捐赠资金的有效利用和透明管理,以赢得更多的社会信任和支持。

5.3　现代产业学院利益相关者需求分析

5.3.1　学生与教师职工诉求

(1)学生诉求:学生作为学院教育的直接受益者,其诉求主要聚焦于高质量的教育资源、实践机会与就业前景。他们期望学院能与企业紧密合作,提供与行业接轨的课程体系、实习实训项目,以及丰富的职业规划和就业指导服务。此外,学生还关注学习环境的舒适度、个性化发展的空间以及校园文化的丰富多彩,希望学院能够营造一个积极向上、充满活力的学习生活环境。

(2)教师职工诉求:教师职工作为现代产业学院的核心教学与研究力量,其诉求主要集中在充足的教学资源支持、职业发展机会、科研环境优化等方面。他们期望学院能提供先进的教学设施、充足的科研经费以及良好的学术交流平台,以促进个人专业成长和学术成果产出。同时,教师职工也关注薪酬福利、工作满意度和职业发展路径,希望学院能够建立公平合理的激励机制,保障其合法权益,激发工作积极性和创造力。

5.3.2 学校与龙头企业诉求

(1)高职院校诉求:作为现代产业学院的主要推动者,高职院校积极寻求与龙头企业的深度合作,诉求在于全面提升教育质量,强化科研创新能力,并拓宽社会服务的边界,以此提升学院的社会声誉与行业影响力。学校期望通过与企业建立深度合作机制,实现人才培养与产业需求的精准对接;同时,积极争取政府的政策与财政支持,为学院的可持续发展奠定坚实基础。此外,高职院校还致力于通过产学研融合,加速科研成果的转化与应用,为社会经济发展贡献智慧与力量。

(2)龙头企业诉求:作为行业标杆,龙头企业希望通过与现代产业学院的紧密合作,获得符合企业发展战略的高素质技能人才,以提升企业竞争力。它们期望学院能够根据行业前沿趋势与企业实际需求,定制化培养专业人才,并共建研发平台,实现资源共享与优势互补。此外,龙头企业还希望通过参与学院的教学与科研活动,进一步提升企业的社会形象与品牌影响力,为企业的长远发展注入新的活力。

5.3.3 行业与用人单位诉求

(1)行业组织诉求:行业组织作为连接企业与学院的桥梁,其诉求主要体现在推动行业发展、促进产学研合作与标准制订等方面。行业组织希望学院能够积极参与行业交流与合作,共同研究行业发展趋势,制订行业标准和规范,提升整个行业的竞争力和影响力。同时,行业组织也希望学院能够为行业企业提供技术支持和咨询服务,解决行业共性技术难题,推动行业技术进步和产业升级。

(2)用人单位诉求:用人单位希望现代产业学院能够培养出具备实践能力和创新精神的毕业生,以满足企业对高素质人才的需求。它们关注毕业生的专业技能、职业素养和团队协作能力,希望学院能提供与企业需求紧密对接的教育和培训,减少人才招聘和培养的成本,提升企业的运营效率和竞争力。

5.3.4　家长与社会公众诉求

(1)家长诉求:家长群体关注教育质量和未来发展,希望学院能提供优质的教育资源和全面的发展平台,帮助孩子成长为具有社会责任感和竞争力的人才。他们期望学院能注重学生的全面发展,关注学生的身心健康和个性化需求,为孩子的成长提供有力支持。

(2)社会公众诉求:社会公众关注现代产业学院的教育质量、社会贡献和影响力。他们期望学院能积极履行社会责任,为社会培养更多高素质人才,推动科技进步和社会发展。同时,希望学院能加强与社会的联系与合作,参与社会公益活动,提升学院的社会形象和认可度。

5.3.5　政府与监管机构诉求

(1)政府诉求:政府作为现代产业学院发展的重要支持者和监管者,其诉求主要体现在推动区域经济发展、提升高等教育质量和促进产学研合作等方面。政府希望学院能够紧密结合区域经济社会发展需求,培养符合市场需求的高素质人才,为地方经济发展提供有力支撑。同时,政府也希望学院能够加强科研创新,推动科技成果转化和产业化,提升区域科技创新能力。此外,政府还关注学院的办学质量、财务透明度和社会责任履行情况,要求学院严格遵守法律法规和教育政策规定,确保教育事业的健康有序发展。

(2)监管机构诉求:监管机构作为保障教育质量和规范办学行为的重要力量,其诉求主要体现在监督学院办学行为、保障学生权益和推动教育公平等方面。监管机构要求学院建立健全内部管理机制和质量控制体系,确保教育教学质量和学术诚信。同时,监管机构也关注学生权益保护问题,要求学院提供安全、健康、公平的学习环境和服务设施,保障学生的身心健康和合法权益。此外,监管机构还关注学院的社会责任履行情况,要求学院积极参与社会公益活动,为社会发展贡献力量。

5.4　现代产业学院利益冲突与协同分析

现代产业学院作为高等教育与现代产业融合创新的重要平台,其建设和运行过程中涉及多个利益主体,包括政府、企业、学校及行业协会等。多元利益主体的交织与合作构成了其复杂而充满活力的生态系统。但也正是不同利益主体的独特利益诉求,使得利益冲突与协同成为学院发展过程中不可忽视的关键议题。

5.4.1　利益冲突分析

1.价值取向冲突

(1)公益性与营利性冲突:随着社会对教育质量与产业需求匹配度要求的提升,学校与企业之间的价值取向冲突进一步显现。学校作为教育主体,追求公益性与教学质量提升,旨在培养全面发展的高素质技能型人才,满足社会对人才的需求。企业则更重营利性,更关注技术技能人才的直接产出和经济效益的快速回报。校企价值取向差异导致在合作过程中目标和利益难以完全一致,在合作项目选择、资金投入及成果分配上尤为突出。

(2)政府角色定位:政府作为管理者和政策制定者双重角色,在推动产业学院发展中追求教育公平和社会服务效益。但在实际操作中,一方面政府力求教育公平与社会效益最大化;另一方面可能因政策导向不明或过度干预或执行力不足,引发各方利益诉求被忽视或失衡。

2.目标差异冲突

不同利益相关者可能对现代产业学院的发展目标有不同的理解和期望。目标分歧在合作过程中容易导致合作内容、方式和成效的差异。

(1)人才培养目标的细化分歧:学校可能更加注重学生的全面素质培养、创新思维及国际视野拓展;而企业则倾向于专业技能的精准对接、实习实训的实效性及毕业生的快速上岗能力。人才培养目标的差异要求双方在合作中不断探索更加精细化、个性化的培养方案。

(2)发展规划的灵活性与稳定性冲突:学校在制订长期发展规划时,需考虑教育体系的连续性与稳定性;而企业则需灵活应对市场变化,快速调整策略。此类冲突要求双方建立更为灵活的合作机制,以适应不同的发展节奏和需求变化。

3.利益分配冲突

(1)资源投入与回报的量化难题:在产业学院建设与运营中,如何量化各方投入的资源价值、合理评估合作成果并据此分配利益,成为一大难题。特别是当某些无形资源(如品牌、技术、经验等)难以准确估价时,更易引发利益分配不公。

(2)话语权与影响力的再平衡:随着合作的深入,不同主体在决策过程中的话语权与影响力需得到持续再平衡。在决策过程中,不同主体的话语权和影响力存在差异,可能导致某些主体的利益被忽视或损害。确保各方利益诉求得到充分表达与尊重,是避免利益冲突、促进协同发展的关键。

4.资源分配冲突

(1)实践教学资源的竞争加剧:随着学生规模的扩大和教学内容的丰富,对实践教学资源的需求日益增长。高职院校、行业龙头企业在实践教学基地、实训设备等方面的资源分配上可能存在竞争,需通过有效规划与管理实现资源的优化配置。

(2)科研项目资金的争夺:在科研合作领域,资金是驱动项目进展的关键因素。不同项目团队之间可能因资金分配问题产生矛盾,需建立科学的资金管理机制和评审体系,以确保科研项目的顺利进行。

5.管理权责冲突

(1)管理权限的明确界定:产业学院管理体系中需明确界定各利益相关者的管理权限与职责范围。避免因权限重叠或模糊而导致决策效率低下或管理混乱。

(2)决策机制的优化:建立高效、透明的决策机制是缓解管理权责冲突的关键。通过引入多方参与的决策过程,加强信息沟通与反馈机制等措施,提升决策的科学性和民主性。

5.4.2 利益协同分析

尽管各利益相关者在具体利益诉求上存在差异,但他们都希望现代产业学院能够健康、稳定、可持续地发展。因此,在推动学院发展、提升教育教学质量、促进产学研合作等方面存在共同目标。通过构建利益共享机制,各利益相关者可以在合作中获得相应的利益回报。例如,高职院校可以通过与企业合作提升教学质量和科研水平;行业龙头企业则可以通过获得符合需求的人才和技术支持来增强竞争力;而学生则可以通过实践锻炼提升就业竞争力。因此,利益共享是各利益相关者协同合作的重要基础。

1. 资源共享与互补

(1)教育资源的深度融合:学校拥有丰富的教学资源和师资力量,企业则具备实践经验和技术产品资源,龙头企业拥有较强的市场洞察力和产业资源。学校与企业之间可进一步探索教育资源的深度融合模式,如共建实训基地、共享师资库、联合开发课程等。通过资源的优化配置与互补利用,共同提升人才培养质量和校企社会服务能力,推动学院和企业健康发展。

(2)科研创新的协同推进:学校与企业可共同设立研发中心、实验室等创新平台,围绕产业关键技术和共性难题开展联合攻关。通过科研成果的共享与转化推动产业升级和技术创新。

2. 协同育人与创新

(1)人才培养方案的协同制订:学校与企业应紧密合作共同制订人才培养方案,确保人才培养目标与企业需求高度契合。通过引入企业导师、实施项目制教学等措施提升学生的实践能力和职业素养。

(2)教学模式的多元化探索:产业学院应积极探索多元化的教学模式以适应不同学生的学习需求和发展路径。如工学交替、项目驱动、创新创业训练等教学模式的引入将有助于学生更好地将理论知识与实践技能相结合。

3. 政策支持与引导

(1)政策环境优化:政府应持续优化产业学院发展的政策环境,通过构建更加完善的政策体系为学院提供有力支持。如加大财政投入力度、提供税收优惠、简化审批流程等措施将有效降低合作成本,提高合作效率。

（2）校企合作平台搭建与升级：政府可搭建或升级校企合作平台以促进信息交流与资源共享。同时加强行业协会的参与和引导作用推动产业学院与产业的深度融合与协同发展。

4. 利益协调与共赢

在现代产业学院的发展过程中，实现利益协调与共赢是推动其持续健康发展的核心要素。为了深化这一进程，需要采取系列措施来完善利益协调机制，确保各利益主体能够在合作中实现互利共赢。

（1）完善利益分配机制。

一是明确分配原则：确立公平、合理、透明的利益分配原则，确保各方投入与回报相匹配。通过量化评估各方贡献，包括资金、技术、人力、品牌等资源，形成科学的分配依据。

二是动态调整机制：考虑市场环境、技术进步及合作深度的变化，建立利益分配的动态调整机制。定期评估合作效果，根据实际情况调整分配比例和方式，确保合作关系的长期稳定和持续发展。

三是激励机制创新：引入多种形式的激励机制，如股权激励、绩效奖励、技术分红等，以激发各利益主体的积极性和创造力。通过激励机制的创新，促进各方在合作中投入更多优质资源，提升合作成效。

（2）加强沟通与协商。

一是建立常态化沟通机制：设立专门的沟通协调机构或平台，定期举行会议、座谈会等活动，加强各利益主体之间的信息交流与沟通。通过常态化沟通机制，及时发现并解决合作中的问题和矛盾，促进合作关系的和谐稳定。

二是促进共识形成：在沟通与协商过程中，注重倾听各方意见和诉求，通过平等对话和协商达成共识。在决策过程中充分考虑各方利益，确保决策的科学性和民主性。

三是建立冲突解决机制：面对利益冲突和分歧，建立有效的冲突解决机制。通过调解、仲裁或法律途径等方式解决争议，确保合作关系的顺利推进。

（3）强化合作共赢理念。

一是树立共同目标：明确现代产业学院的共同发展目标，即培养符合社会需求的高素质技能型人才、推动产业升级和技术创新、提升教育教学质量和科研水平等。通过树立共同目标,增强各利益主体的责任感和使命感,促进合作关系的深化和拓展。

二是培养合作精神:在合作过程中注重培养各利益主体的合作精神。通过联合举办活动、共同承担项目等方式加强彼此之间的合作与信任,形成紧密的合作关系网。

三是推动文化融合:加强学校文化与企业文化的交流与融合,形成具有鲜明特色的产业学院文化。通过文化融合,增强各利益主体之间的认同感和归属感,为合作关系的长期稳定发展奠定坚实基础。

综上所述,现代产业学院在建设和运行过程中面临着诸多利益冲突与协同的复杂问题。通过明确各主体的价值取向、加强目标协同、优化利益分配机制以及加强沟通与协商等措施,可有效地解决这些冲突,推动产业学院的健康发展。

5.5 利益相关者视域下现代产业学院治理体系设计

5.5.1 治理目标

1.人才培养质量提升:构建产教融合育人新生态

在现代产业学院的治理体系中,人才培养质量提升是核心目标之一。为实现这一目标,需深入推进产教融合,构建校企协同育人的新生态。首先,学院应与企业紧密合作,共同制订人才培养方案,确保教学内容与产业需求紧密对接。通过引入企业真实项目、案例和专家资源,丰富教学内容,增强教学的实践性和针对性。其次,鼓励教师深入企业实践,了解行业前沿动态,提升教学水平和科研能力,同时引导学生参与企业实习实训,培养其解决实际问题的能力。此外,学院还应建立多元化的评价体系,注重过程评价与结果评价相结合,全面评估学生的综合素质和能力,为高质量人才培养提供有力保障。

在全球化的背景下,现代产业学院还应注重国际化人才培养。通过与国际知名高校、企业建立合作关系,开展联合培养项目、国际学术交流等活动,拓宽学生的国际视野,提升其跨文化沟通能力。同时,引入国际先进的教育理念和方法,不断优化课程体系和教学方法,培养具有国际竞争力的高素质人才。另外,随着科技的快速发展,终身学习已成为时代趋势。现代产业学院还可构建完善的终身学习体系,为毕业生及行业从业者提供持续的教育和培训机会。通过建立校友网络、在线学习平台等方式,保持与毕业生的紧密联系,为他们提供最新的行业动态、技能升级和职业发展指导。

2. 科研成果转化促进:搭建产学研用转化平台

科研成果转化是现代产业学院治理体系中的重要环节。为促进科研成果的有效转化,学院需积极搭建产学研用转化平台,推动科研与产业深度融合。首先,学院应加强与行业龙头企业、科研机构的合作,共同组建研发团队,开展关键技术和共性技术的研发攻关。通过联合申报项目、共建研发中心等方式,实现资源共享、优势互补。其次,学院应建立完善的科研成果转化机制,明确科研成果转化的流程和责任主体,确保科研成果能够及时、高效地转化为现实生产力。同时,学院还应积极对接资本市场,为科研成果转化提供资金支持和市场渠道。通过产学研深度融合,加速科研成果的转化应用,推动产业升级和经济社会发展。

在科研成果转化过程中,知识产权保护至关重要。现代产业学院应建立健全的知识产权管理制度,加强科研人员对知识产权的认识和保护意识。通过申请专利、注册商标等方式,保护科研成果的合法权益,为科研成果的转化应用提供法律保障。另外,为了加速科研成果的商业化进程,学院可以设立创新创业孵化中心,为师生提供创业指导、资金扶持、市场对接等一站式服务。通过举办创业大赛、创业训练营等活动,激发学生的创业热情,培育具有创新精神和创业能力的人才。

3. 社会服务能力增强:拓宽服务领域,提升服务效能

社会服务能力是现代产业学院治理体系中的重要组成部分。为增强社会服务能力,学院需不断拓宽服务领域,提升服务效能。首先,学院应紧密结合区域经济社会发展需求,提供定制化的教育培训服务。通过开设专业培训课程、举办行业研讨会等方式,为政府、企业和个人提供高质量的继续教育机会。其次,学院应积极参与社会公益活动,发挥专业优势,为社会发展贡献力量。例如,开展科技扶贫、志愿服务等活动,帮助贫困地区提升科技水平和生活质量。此外,学院还应加强与政府、行业协会等机构的合作,共同开展政策研究、标准制定等工作,为行业发展提供智力支持。通过拓宽服务领域和提升服务效能,学院将更好

地服务于区域经济社会发展大局。

现代产业学院应充分利用自身的专业优势和技术实力,为企业提供技术咨询和服务。通过组建专家团队,针对企业技术难题提供解决方案,帮助企业提升技术水平和市场竞争力。同时,学院还可以为企业提供技术培训和人才输送服务,满足企业对高素质人才的需求。另外,作为行业内的知识高地,现代产业学院应积极参与政策研究和建议工作。通过对行业发展趋势的深入分析和研究,为政府制定相关政策和规划提供科学依据和参考意见。同时,学院还可以与政府部门建立紧密的沟通机制,及时反馈行业发展动态和需求,为政府决策提供有力支持。

4. 文化传承创新延续:弘扬产业文化,培育行业精神

在现代产业学院的治理体系中,文化传承与创新同样占据着举足轻重的地位。作为高等教育的重要组成部分,学院不仅要传授知识、培养技能,还要承担起传承与弘扬产业文化、行业精神的重任。该目标的实现,不仅有助于增强学生的文化自觉和文化自信,还能为产业发展注入新的活力和动力。在现代产业学院的治理体系中,文化传承与创新不仅是学术和教育的延伸,更是连接过去与未来、理论与实践的桥梁。为实现该目标,学院应聚焦于强化产业文化认同,并致力于培育富有创新活力的行业文化新生态。

(1)产业文化与行业精神的挖掘

学院应深入挖掘和整理所在产业的文化内涵、历史沿革和核心价值观,提炼出具有代表性和影响力的产业文化元素和行业精神。通过开设相关课程、举办讲座和展览等形式,将文化元素和精神内涵融入教学全过程,让学生在学习专业知识的同时,深刻理解并认同自己所从事行业的文化底蕴和价值追求。同时,鼓励学生参与产业文化活动,亲身体验产业文化的魅力,从而培养其作为未来行业领袖的文化自觉和文化自信。

(2)行业文化与专业文化的融合

企业文化是企业在长期发展过程中所形成的独特价值观和行为规范,而专业文化则是某一领域内特有的知识体系、思维方式和行为准则。学院应积极推动企业文化与专业文化的深度融合,通过校企合作、实习实训等方式,让学生亲身体验并学习企业的管理理念、工作方法和创新精神。行业文化与专业文化的

融合不仅有助于学生更好地适应未来职业发展的需求,还能促进专业文化的丰富和发展。

（3）文化创新与产业升级的互动

文化创新不仅能够满足人们对美好生活的向往和追求,还能为产业升级和经济发展提供新的动力源泉。在传承产业文化和行业精神基础上,学院还应鼓励师生进行文化创新,将传统文化元素与产业需求相结合,运用现代科技手段,创造具有时代与行业特色,有一定市场竞争力的文化产品和服务。同时,通过设立文化创新项目、举办文化创意大赛等方式,激发学生的创新潜力,为行业文化的发展注入新的活力。另外,学院还应加强与行业企业及文化产业界的合作与交流,共同推动行业及产业文化的创新与繁荣发展,形成产学研用协同创新的良好局面。

（4）平台搭建与国际文化视野拓展

一方面,为促进产业学院与行业企业之间的文化交流与合作,学院应搭建行业文化交流平台,定期举办行业文化论坛、研讨会等活动,邀请行业专家、学者和企业代表共同探讨行业文化的发展趋势和未来方向,通过交流平台建立,不仅可以增进学院与行业企业之间的了解和信任,还可以促进文化资源的共享和互补,为行业文化的繁荣发展提供有力支持;另一方面,在全球化背景下,学院还应注重培养学生的国际文化视野和跨文化交流能力,通过与国际知名高校、企业和文化机构的合作与交流,开展联合培养项目、国际文化交流等活动,引入国际先进的文化教育理念、资源及方法,不断优化课程体系和教学方法,拓宽学生的国际视野和思维广度,培养具有国际竞争力的高素质文化传承者。同时,学院还应积极参与国际文化交流活动,展示和传播中国的产业文化和行业精神,提升中国文化的国际影响力和竞争力。

总之,现代产业学院在治理体系构建过程中应明确治理目标,围绕人才培养质量提升、科研成果转化促进和社会服务能力增强三大核心目标展开工作。通过深化产教融合、搭建产学研用转化平台、拓宽服务领域和提升服务效能等措施,不断提升学院的办学水平和社会影响力,为区域经济社会发展作出更大贡献。

5.5.2 治理模式

1. 共同治理模式

共同治理模式强调所有关键利益相关者共同参与决策,通过理事会、咨询委员会等机构,确保各方利益诉求得到充分表达与平衡。该治理模式强调所有关键利益相关者都应积极参与决策,共同塑造学院的战略方向和发展路径。通过制度设计和机制安排,努力实现各方利益的平衡与协调。同时,注重利益相关者之间的沟通与协商,通过定期会议、意见征集等方式,确保各方利益诉求得到充分表达。治理机构如下:

(1)多元化的理事会:作为学院最高决策机构,理事会成员通常包括政府代表、高校领导、企业高管、行业专家、学生代表及社区代表等,确保不同利益主体声音都能被听到。他们共同参与学院重大事项的决策,如专业设置、课程设置、校企合作项目等,确保决策过程兼顾各方利益。

(2)专业化的咨询委员会:咨询委员会则提供专业咨询和建议,帮助理事会作出更加科学合理的决策。咨询委员会成员可能由学术专家、行业领袖、资深教育工作者等组成,他们拥有丰富的专业知识和实践经验,能够为学院的发展提供有力支持。

2. 分层治理模式

分层治理模式根据利益相关者的不同性质与影响力,划分为决策层、管理层、执行层等,其中,决策层负责宏观决策,管理层负责中观协调,执行层负责微观操作,三者相互支持、相互制约,共同推动学院的发展。该治理模式强调各层之间协作与配合,同时也保持一定的独立性。治理机构如下:

(1)决策层:决策层通常由理事会成员组成,负责学院战略规划、重大事项决策等,代表不同利益相关者的利益,通过协商和妥协达成共识,为学院的发展指明方向。

(2)管理层:管理层负责学院的日常运营和管理,执行决策层的决策。他们可能包括学院的院长、副院长、各部门负责人等,负责具体工作的组织与实施。

(3)执行层:执行层则负责具体的教学、科研、服务等工作,他们是学院发展的直接推动者。执行层人员包括教师、研究人员、行政人员等,他们的工作成效直接影响学院的整体发展水平。

3.动态调整模式

动态调整模式强调根据学院发展阶段、外部环境变化及利益相关者需求的变化,灵活调整治理模式与机制,以确保治理体系的适应性与有效性。

(1)适应性:动态调整模式要求学院治理体系具有高度的灵活性和适应性。当学院面临新的发展机遇或挑战时,能够迅速调整治理模式与机制,以适应外部环境的变化和内部需求的调整。

(2)监测与评估:为了实现动态调整,学院需要建立有效的监测与评估机制。通过对学院发展状况、外部环境变化及利益相关者需求的持续监测和评估,及时发现潜在问题并采取相应的调整措施。

(3)持续改进:动态调整模式还强调持续改进的重要性。学院应不断总结经验教训,优化治理模式与机制,提高治理效率和效果。同时,鼓励利益相关者积极参与治理过程的改进工作,共同推动学院治理体系的不断完善和发展。

4.三种通用治理模式的耦合与融合

现代产业学院的治理实践中,不是决然采用上述三种治理模式中的某一种,而是倾向于三种模式之间的充分耦合与融合,以形成更加完善、高效且适应性强的治理体系。三种通用模式耦合融合后表现如下:

(1)共同治理与分层治理的结合:在共同治理基础上,通过分层治理构建清晰的治理结构,确保各层级职责明确、协作顺畅。

(2)分层治理与动态调整的结合:在分层治理的基础上,根据学院发展阶段和外部环境变化,灵活调整各层级的职责和权限,确保治理体系的适应性和有效性。

(3)共同治理与动态调整的结合:在共同治理的过程中,注重根据利益相关者需求的变化,及时调整治理策略和机制,确保各方利益得到持续关注和满足。

5.5.3 治理框架

现代产业学院的治理机制通常包括以下几个核心方面。

1.领导机制

(1)理事会或董事会领导下的院长负责制:这是国内绝大多数现代产业学

院采用的治理模式。理事会或董事会由多方主体(如学校、企业、政府、行业协会等)组成,负责宏观控制产教融合、推进校企合作发展,对重大事项进行决策。院长则全面负责学院的行政工作,是内部治理体系的核心。

(2)党委领导下的院长负责制:在某些情况下,院校可能占主导地位,采用党委领导下的院长负责制,确保内部治理的监督保障。

2.执行机制

(1)院长及管理层设置:学院设院长1名,一般由校方领导兼任,全面负责学院行政工作。同时,设常务副院长和若干名副院长,其中至少1名副院长由企业方人员担任,以实现校企双方的权力分配和深度参与。

(2)部门设置与职责明确:根据工作需要,产业学院下设若干部门,配备专职管理人员负责各部门相关工作。包括各职能部门负责人,如教务长、科研主任、学生事务主任等,负责具体业务领域的规划、执行和监督。明确各部门、岗位的职责和权限,确保学院内部信息的顺畅流通和资源的有效配置。

3.治理机构

建立各种治理委员会(如学术委员会、教学委员会、学生事务委员会等)来分担和支撑理事会或院长的决策与行政工作。

4.监督机制

(1)监事会/审计部门:负责监督学院的管理和运营情况,确保决策执行的合法性和合规性,防止腐败和不当行为。

(2)评估与反馈系统:定期对学院的教学质量、科研成果、学生满意度等进行评估,并将评估结果反馈给相关部门和人员,以便及时调整和改进。

5.5.4　治理内容

现代产业学院的治理内容是一个综合性的体系,旨在确保学院能够高效、合规地运行,同时满足各利益相关者的需求,推动产学研深度融合与可持续发展。以下是重新梳理的现代产业学院治理内容。

1.战略规划与方向引领

(1)制订发展规划:明确学院的中长期发展目标、战略定位与方向,确保学院发展与社会经济发展趋势、产业需求相匹配。

（2）设定战略目标：细化发展目标为可操作的阶段性目标，包括人才培养、科研创新、社会服务等方面的具体指标。

2. 利益协调与机制建设

（1）利益协调机制：建立定期沟通协商机制，如理事会/董事会会议、校企合作论坛等，确保各利益相关方的诉求得到充分考虑和均衡。

（2）利益分配原则：明确产学研合作、人才培养、科研项目等方面的利益分配原则与方式，保障各方投入与收益相匹配，促进合作关系的长期稳定发展。

3. 产教融合与校企合作

（1）深化产教融合：加强与行业企业的紧密联系，共同制订人才培养方案，开展科研项目合作，建设实训基地等，实现人才培养与产业需求的无缝对接。

（2）拓展合作模式：探索多样化的校企合作模式，如共建研发中心、联合实验室、产业学院等，促进产学研深度融合与协同创新。

4. 人才培养与教学质量

（1）优化培养方案：根据产业发展趋势和企业需求，动态调整人才培养方案，确保教学内容与行业标准对接，提高人才培养的针对性和实用性。

（2）师资队伍建设：引进和培养高水平师资团队，加强教师与行业企业的交流合作，提升教师的实践教学能力和科研创新能力，为学生提供优质的教学资源。

5. 科研创新与社会服务

（1）鼓励科研创新：加大对科研项目的支持力度，鼓励教师与行业企业合作开展科研攻关和技术创新，推动科技成果转化与应用，提升学院的科研实力和社会影响力。

（2）拓展社会服务：积极参与社会公益事业和产业发展服务活动，为区域经济社会发展提供智力支持、技术咨询和人才保障，增强学院的社会服务功能。

6. 资源配置与效率提升

（1）资源配置优化：根据学院发展需要，科学合理地配置人力、物力、财力等资源，确保资源的高效利用和可持续发展。

（2）运营效率提升：加强内部管理，优化流程设计，提高工作效率和服务质量，降低运营成本，提升学院的整体竞争力。

7. 风险管理与合规性

（1）风险管理机制：建立全面的风险管理机制，对学院运行过程中可能面临的风险进行识别、评估与监控，制订相应的风险应对措施和预案，确保学院的稳健运行。

（2）合规性建设：严格遵守国家和地方的法律法规要求，建立完善的合规性管理机制和内部控制体系，确保学院各项活动的合法合规性，维护学院的良好形象和声誉。

5.5.5　治理路径

1. 治理愿景与原则：明确发展愿景与基本准则

（1）明确治理愿景：确立学院发展目标与愿景，确保它基于所有利益相关者的共同利益，为治理过程提供明确的方向。

（2）制订治理原则：建立包括公平、透明、效率、适应性等在内的治理原则，作为指导学院治理行为的基本准则。

2. 多元共治模式：构建多方参与的治理框架

多元主体共治模式是现代产业学院治理的核心框架。该模式强调政府、高职院校、企业、学生、教师及行业组织等多方利益相关者的平等参与和共同决策。具体设计包括：

（1）界定角色与职责：明确政府、高职院校、企业、学生、教师及行业组织等各利益相关者的角色定位与职责，确保各方在治理中的平等参与和共同决策。高职院校作为主体单位，需承担教学、科研和社会服务等多重职能；企业应提供实践平台、技术支持和市场需求信息；学生作为受益主体，应积极参与学习过程并反馈意见；教师则是知识传授与技能培养的关键力量。地方政府提供政策支持、高职院校负责教育教学、企业贡献实践经验与资源等。

（2）制订参与规则：设计详细的参与规则和流程，确保各利益相关者能够有序、高效地参与治理过程。

（3）建立治理框架：构建包括联合管理委员会、产业学院理事会、专业委员会、工作小组等多层次的治理机构,明确各机构的职责与权利,确保各方在决策、执行和监督等各个环节中的有效参与,旨在打破传统单一主体治理局限,实现资源的优化配置和利益的最大化。

3. 协同治理机制:强化沟通与合作的治理路径

协同治理机制是现代产业学院实现高效治理的重要保障。该框架以各利益相关者的共同目标为导向,通过加强彼此之间的沟通与协作,形成治理合力。具体构建包括:

(1)明确协同目标:设定协同治理的明确目标,如提升人才培养质量、促进科研成果转化、增强社会服务能力等。

(2)建立组织机构:依托理事会负责制,设立相应的组织机构,如专业委员会或工作小组,负责具体事务的协同管理。

(3)制订协同机制:建立信息共享、决策协商、资源调配及定期互动沟通等机制,促进各利益相关者之间的紧密合作与协同。

4. 利益诉求协调:确保各方利益的均衡表达

现代产业学院的治理过程中,各利益相关者往往具有不同的利益诉求。因此,建立有效的利益诉求表达与协调机制至关重要,确保各利益相关者的声音能够被充分听取和考虑,同时促进各方之间的利益协调与平衡。具体设计包括:

(1)设立表达渠道:建立多样化的利益诉求表达渠道,如利益相关者大会、意见箱、在线反馈平台等,确保各方声音能被充分听取。

(2)成立协调机构:设立利益协调小组或委员会,负责收集、整理和分析各利益相关者的诉求,并提出合理的解决方案。

(3)加强沟通与协商:通过对话、谈判等方式加强沟通与协商,寻求共识与妥协,确保各方利益得到合理兼顾。

5. 效果评估与反馈:持续优化治理策略的循环

为确保利益相关者参与治理的成效,建立治理效果评估与反馈机制是必要的。该机制旨在定期评估治理活动的实施效果,及时发现存在的问题和不足,并通过反馈机制促进改进和优化。具体设计包括:

(1)建立评估体系:构建科学合理的评估指标体系,涵盖治理过程、治理结果、利益相关者满意度等多个方面,对学院治理效果进行全面、客观的评估,包括人才培养质量、科研成果转化效率、社会服务能力等方面。

（2）采用多种评估方法：采用问卷调查、访谈、数据分析等多种评估方法，确保评估结果的客观性和准确性。

（3）定期评估与反馈：实施定期评估，及时发现问题与不足，并通过反馈机制将评估结果传达给各利益相关者，作为优化治理策略的依据。

（4）持续优化治理策略：根据评估结果和反馈意见，不断调整和优化治理策略，确保学院治理能够持续适应外部环境变化和内部发展需求。

6. 渠道与平台建设：拓宽利益相关者参与治理的路径

为确保利益相关者能够充分参与治理过程，需建立多样化的参与渠道和平台，确保各利益相关者的声音能够得到有效传递和回应。

（1）设立专门机构：可以通过设立专门的治理委员会或理事会秘书处，负责收集、整理和分析各利益相关者的意见和建议。

（2）采用现代手段：利用现代信息技术手段，如建立官方网站、微信公众号等，拓宽信息发布的渠道和范围，提高透明度。

（3）定期开展活动：可以定期举办利益相关者大会或论坛，为各方提供面对面交流的机会和平台。

5.5.6　治理理念

（1）多元共治：强调学院治理主体的多元化，包括学校、企业、政府、行业协会、学生及家长等利益相关者的共同参与。

（2）资源共享：促进各方资源的有效整合和共享，包括教育资源、企业资源、政策资源等，实现优势互补。

（3）互利共赢：通过协同治理，实现各方利益的最大化，形成互利共赢的发展格局。

（4）持续发展：注重学院的长期发展和可持续发展，通过协同治理机制推动学院在人才培养、科学研究、社会服务等方面的不断进步。

5.5.7　治理机制

1. 决策机制：共识导向与利益协调

决策机制是现代产业学院治理的基石。其核心在于倡导共识导向的决策方式,即基于对各利益相关者意见的广泛听取,通过协商、谈判等互动手段,寻求并达成各方均能接受的决策共识。为实现这一决策模式,需构建有效的利益协调机制。该机制旨在及时发现并识别不同利益相关者之间的利益冲突,通过谈判、妥协等策略,寻求各方利益的平衡点。这不仅能确保决策与产业发展趋势相契合,还能满足各利益相关者的合理需求。此外,为提升决策的科学性和专业性,可引入专家咨询和第三方评估机制。专家咨询团队可涵盖行业专家、教育专家及管理专家等,为决策提供科学、专业的意见。同时,第三方评估机构可对决策的科学性、合理性及可行性进行评估,确保决策的质量和效果。构建策略如下:

(1)共识导向的决策方式。

一是多方参与:现代产业学院的决策机制强调各利益相关者的广泛参与,包括学校、企业、政府、行业协会、学生及家长等。通过组织定期的会议、研讨会等形式,确保各方能够充分表达意见和建议。

二是协商谈判:在决策过程中,倡导通过协商、谈判等方式寻求共识,形成各方都能接受的决策方案。这种方式有助于减少冲突和分歧,提高决策的接受度和执行效果。

(2)利益协调机制。

一是识别冲突:建立有效的利益识别机制,及时发现和识别不同利益相关者之间的利益冲突和矛盾点。

二是平衡利益:通过谈判、妥协等方式,寻求各方利益的平衡点,确保决策既能满足产业发展趋势的需求,又能兼顾各利益相关者的合理诉求。

(3)专家咨询与第三方评估。

一是专家咨询:引入专家咨询机制,为决策提供科学、专业的意见和建议。专家团队可以包括行业专家、教育专家、管理专家等,他们能够为决策提供有力的支持。

二是第三方评估:在决策制订和实施过程中,引入第三方评估机构对决策的科学性、合理性、可行性等进行评估,确保决策的质量和效果。

2.执行机制:高效协同与责任落实

执行机制是现代产业学院治理的关键环节。为确保决策的有效实施,需构建高效协同的执行机制,明确各方责任,确保责任落实到位。构建策略如下:

（1）高效协同。

一是明确分工：根据决策内容，明确各利益相关者的职责和任务分工，确保各项工作有序进行。

二是资源共享：促进各方资源的有效整合和共享，包括教育资源、企业资源、政策资源等，实现优势互补和资源共享。

（2）责任落实。

一是建立责任制：明确各岗位的责任人和职责范围，确保各项工作有专人负责、有章可循。

二是监督检查：建立监督检查机制，对各项工作的执行情况进行定期检查和评估，确保各项任务得到有效落实。

3. 监督机制：透明度与问责制

监督机制是保障治理质量和效率的重要手段。强调提升治理过程的透明度，通过公开信息、接受监督等方式，确保各利益相关者的知情权、参与权和监督权得到充分保障。同时，强化问责制建设，对违反治理规则、损害公共利益的行为进行严肃查处，维护治理秩序和公平正义。在监督机制设计上，可以引入外部审计、独立监督委员会等第三方机构，增强监督的独立性和公信力。构建策略如下：

（1）提升透明度。

一是信息公开：通过公开信息、接受监督等方式，确保各利益相关者的知情权、参与权和监督权得到充分保障。

二是信息反馈：建立信息反馈机制，及时收集和处理各方意见和建议，不断改进和完善治理工作。

（2）强化问责制。

一是明确责任：明确各利益相关者的责任和义务，确保他们在治理过程中能够认真履行职责。

二是严肃查处：对违反治理规则、损害公共利益的行为进行严肃查处，维护治理秩序和公平正义。

4. 激励机制：绩效评估与资源分配

激励机制是激发各利益相关者积极性和创造性的重要途径。建立以绩效评估为基础的激励机制,通过设定明确的绩效指标和评价体系,对各利益相关者的贡献进行客观评估。根据评估结果,优化资源配置方式,对表现优秀的利益相关者给予奖励和支持;同时,对表现不佳的利益相关者进行指导和帮助,促进其改进和提升。通过激励机制的建立和实施,形成良性竞争和合作氛围,推动现代产业学院持续健康发展。构建策略如下:

(1)绩效评估。

一是设定指标:根据学院的发展目标和实际情况,设定明确的绩效指标和评价体系。

二是客观评估:通过定期评估、考核等方式,对各利益相关者的贡献进行客观评估。

(2)资源分配。

一是优化配置:根据评估结果,优化资源配置方式,对表现优秀的利益相关者给予奖励和支持。

二是促进提升:对表现不佳的利益相关者进行指导和帮助,促进其改进和提升。通过激励机制的建立和实施,形成良性竞争和合作氛围,推动现代产业学院持续健康发展。

5.5.8　治理文化

治理文化是指各治理主体在参与产业学院治理过程中逐渐形成的,被各主体所认同和遵循的治理理念、制度规范、价值判断、行为模式等的总和,对产业学院的运行及其内部结构调整具有指导和规范意义,是产业学院治理体系的重要组成部分。

1.治理文化的具体表现

(1)共同治理理念。

一是合作共赢:强调各利益相关者之间的合作共赢,通过共同制订决策、共享资源等方式实现互利共赢。

二是协商民主:在决策过程中充分听取各利益相关者的意见,通过协商、谈判等方式达成共识。

（2）制度规范。

一是完善的制度体系：建立健全的治理制度体系，包括决策机制、执行机制、监督机制、激励机制等，确保治理工作有章可循。

二是明确的职责分工：明确各利益相关者的职责和任务分工，确保各项工作有序进行。

（3）价值判断。

一是公益性与私益性的平衡：在追求经济效益的同时，注重教育的公益性和社会责任，确保产业学院的发展符合社会公共利益。

二是可持续发展：注重学院的长远发展，通过不断提升教学质量、加强科研创新等方式增强学院的竞争力和可持续发展能力。

（4）行为模式。

一是高效协同：各利益相关者之间建立高效的协同机制，通过信息共享、资源共享等方式实现优势互补和资源共享。

二是责任落实：建立责任落实机制，确保各项决策和任务得到有效执行和落实。

2. 治理文化建设路径

（1）加强顶层设计。

一是政府应发挥主导作用，制订相关政策规划，为产业学院的治理提供指导和支持。

二是学校应加强与政府、企业的沟通与合作，共同制订学院的发展战略和规划。

（2）完善制度体系。

一是建立健全的治理制度体系，确保各项治理工作有章可循、有据可依。

二是加强对制度执行情况的监督检查和评估，确保制度得到有效执行和落实。

（3）强化文化建设。

一是加强治理文化的宣传和教育，提高各利益相关者对治理文化的认同感和参与度。

二是通过开展丰富多彩文化活动和实践活动等方式，营造积极向上的治理文化氛围。

(4)注重人才培养。

一是加强师资队伍建设和管理人员的培训力度,提高他们的专业素养和治理能力。

二是鼓励学生积极参与学院的治理工作和实践活动,培养他们的责任感和创新能力。

3.治理文化建设策略

(1)构建多方参与的决策机制。

建立一个包含政府代表、企业专家、学校管理者、教师代表及学生代表在内的多元化决策机构,确保在产业学院的重要决策过程中,各利益相关者的声音都能被充分听取和考虑。这种机制不仅能增强决策的科学性和合理性,还能提升各方对决策结果的接受度和执行力。具体实施建议:

一是机构建立:成立由多方组成的理事会或管理委员会,成员涵盖政府教育主管部门代表、行业资深专家、学院高层管理者、资深教师代表及学生代表,确保决策的全面性和代表性。

二是职责与规则:明确各成员的具体职责与权利,制订详细的议事规则与决策流程,确保决策过程的透明、公正与高效。

三是定期会议:设立固定的月度或季度会议制度,就学院战略规划、重要政策调整、专业设置优化等关键议题进行深入讨论与决策。

四是执行与反馈:建立决策执行跟踪机制,设立专项执行小组负责监督实施情况,并定期向理事会或管理委员会汇报进展与成效,形成闭环管理。

五是信息沟通:构建高效的信息交流平台,利用现代信息技术手段(如微信群、钉钉群等),确保信息交流的即时性与全面性。同时,定期开展问卷调查、座谈会等活动,广泛收集各方意见与建议,为决策提供坚实支撑。

(2)强化产教融合的文化氛围。

在产业学院内部营造浓厚的产教融合文化氛围,使教师、学生和管理者都深刻认识到产教融合对于提升教学质量、促进科研创新、增强社会服务能力的重要性。通过举办产教融合主题活动、建立校企合作项目、鼓励教师到企业挂职锻炼等方式,不断深化产教融合的实践探索。具体实施建议:

一是主题活动:定期举办产教融合主题活动,如产教融合论坛、企业开放日、师生企业实践行等,增进师生对行业企业的了解,激发产教融合的热情。

二是宣传展示:通过学院官网、社交媒体等多种渠道,对产教融合活动进行广泛宣传与报道,展示合作成果与经验,提升学院的社会影响力与美誉度。

三是校企合作:深入调研学院专业特色与区域产业发展需求,精准选择合作企业与项目,明确双方责任与义务,制订翔实可行的实施方案,确保合作项目的高质量推进。同时,建立校企合作长效机制,保障合作的持续性与稳定性。

四是教师挂职:根据学院发展需要与教师个人职业规划,选派优秀教师到企业挂职锻炼,提升其实践教学能力。制订完善的挂职管理制度与考核办法,确保挂职教师能够真正融入企业环境,实现知识与实践的深度融合。

(3)推动治理文化的创新与实践。

在治理文化建设过程中,注重创新与实践的结合,鼓励师生员工积极探索新的治理模式和方法,以适应产业学院快速发展的需求。通过建立创新实验室、举办创新大赛、引入先进管理理念等方式,不断激发师生的创新精神和创造力。具体实施建议:

一是创新基金:设立治理文化创新基金,通过学院自筹、政府资助、企业捐赠等多种渠道筹集资金,重点支持治理文化相关的创新研究与实践探索项目。建立科学的项目评审与管理机制,确保资金使用的合理性与有效性。

二是创新大赛:围绕治理文化创新主题,定期举办创意大赛、论文竞赛等活动,鼓励师生员工积极参与,激发创新思维与创造力。对优秀项目进行孵化与推广,将其成果应用于学院治理实践中,推动治理文化的持续优化与升级。

三是理念引入:积极引入国内外先进高校和产业学院的治理理念与管理模式,定期组织师生进行考察学习与交流研讨,拓宽视野与思路。同时,邀请知名专家学者来校举办讲座与培训,提升师生的管理素养与创新能力,为治理文化的创新与发展提供源源不断的动力。

利益相关者视域下的现代产业学院治理体系设计,是一个复杂而系统的工程,它要求我们在尊重各方利益的基础上,通过制度创新与机制优化,实现多元主体的协同共治。本章通过理论分析与案例研究,提出了构建这一治理体系的具体策略与路径,包括明确利益相关者的角色定位、建立有效的沟通协商机制、完善利益分配与风险共担机制等。这些措施的实施,将有助于现代产业学院更好地适应市场需求,提升人才培养质量,促进科研成果转化,为区域经济社会发展贡献更大的力量。未来,随着教育改革的不断深入和产教融合的不断推进,现代产业学院的治理体系也将持续优化和完善,为实现职业教育的高质量发展奠定坚实基础。

附件

附件1　某学校产业学院董事会章程

××职业学院
产业学院董事会章程

第一章　总则

第一条　为了全面贯彻中央关于实施科教兴国战略和《中国教育改革和发展纲要》精神,落实《重庆市推动现代职业教育高质量发展若干措施》政策,加快高等教育管理体制和办学体制改革步伐,促进科技、教育与社会、经济紧密结合,增强学校的办学活力,提高学校教育质量、学术水平和办学效益,培养建设行业技能型紧缺人才,拓宽学生的就业渠道,更好地为国家和地方经济建设与社会发展服务,××职业学院在各兄弟企业及社会各界人士的大力支持下,推动产教融合发展,结合学校现有专业,组建产业学院,××职业学院(以下简称"学校")与有关企业签订合作协议共建产业学院,按照协议约定,双方委派代表和聘请教育专家共同组建产业学院董事会。

第二条　为加强产业学院董事会的规范化、制度化建设,充分发挥其功能作用,按照《校企共建产业学院协议》《学校产业学院建设发展和管理实施办法》的有关规定,结合相关法律法规而制定本章程。为产业学院的办学方向、发展规划、师资建设、专业建设、人才培养、专业评估以及教学、科研等重大问题进行有效的咨询、诊断、指导和监督,并以广泛争取外来办学资金,增加教学硬软件的有效投入,积极参与管理,加快教学成果的转化,从而有效推动产业学院的改革、建设、发展和社会经济效益的提升。

第三条　××职业学院产业学院董事会是二级办学单位董事会,按照本章程和《××职业学院产业学院建设发展及管理实施办法》的有关规定,依规对产业学院实施决策和管理。产业学院董事会成员要维护××职业学院的声誉与整体利益,遵守校企合作产业学院董事会章程,积极为××职业学院的改革、建设与发展献计献策,创造条件。

第二章　产业学院董事会组成

第四条　本着共同发展、互惠互利的原则,热忱欢迎国内外各级组织、企事业单位、社会公益机构及友好人士、实业家自愿与××职业学院合作共建产业学院,成为××职业学院校企合作的产业学院董事会成员(单位)。

一、董事会成员(单位)由学院发出邀请,征得校董事会、校理事会和校委会的同意并通过,鉴定已签署的有关《校企共建产业学院协议》后,由合作企事业单位和校级相关领导推荐成员并向产学研发展中心递交申请书,得到学校相关领导批示并由产学研发展中心办公室公示后,即可成为相关产业学院董事会正式成员。(申请书见附表1)

二、凡要求退出董事会的成员(单位),应提出书面申请,经董事会协商同意,办理有关手续后即可退出董事会。(申请书见附表2)

第五条　产业学院董事会由校委会推荐代表二人,产业学院合作方推荐代表二人,校董事会推荐教育专家一人,共五人组成产业学院董事会成员,董事成员应热爱教育事业、廉洁奉公、德才兼备。

第六条　产业学院董事会设董事长一人,由合作方推荐代表担任;设监事一人,由校方委派代表担任;设秘书长一人,由合作方推荐代表担任。任期均为三年,可连选连任。

第三章　产业学院董事会职权

第七条　董事会是产业学院一切重大事项的研讨决议机构,按照学校有关规章制度规定,行使下列职权:

一、贯彻党和国家的教育方针,遵守国家的法律、法规和有关条例,抓好产业学院的建设和发展。

二、制订或修改董事会章程和审议产业学院的重要规章制度。

三、参与制订产业学院的发展规划,对学院的办学方向、人才培养及教学、专业规划建设与评估、师资队伍规划与建设、实践教学条件完善及资源平台规划与建设、人才培养实施及质量约定、教学研究项目孵化及成果培育约定、专业认证、继续教育及社会有偿培训服务、生源基地拓展及招生宣传、公共环境及资源平台建设、经费划拨及支付约定、运行管理约定等重大问题进行咨询、研讨、审议、监督和作出具体处理办法。

四、聘任或解聘产业学院院长(含执行院长),审议批准产业学院院长(含执行院长)提名推荐的其他干部人选。(院长或执行院长推荐审批表见附表3)

五、听取产业学院院长(含执行院长)关于学院工作的报告,并对学院工作进行指导。

六、按照学校的要求,具体组织产业学院的人事招聘工作,确定聘用人员。(具体参照学校人事招聘制度和招聘流程)

七、审议批准产业学院的学年工作计划和学年工作总结。

八、审核批准产业学院的年度财务预算方案、决算方案。

九、审议批准教职工编制、工资总额、工资发放办法和考核方案等。

十、审议批准产业学院机构设置、办学规模、专业设置、招生办法等。

十一、监督检查产业学院合作方履约及资金筹措情况,对履约或资金筹措困难,影响产业学院建设发展的企业,要作出具体处理办法。

十二、决定产业学院其他重大事项。

第四章　产业学院董事职权与义务

第八条　董事有如下基本权利:

一、向产业学院董事会提出对人才培养的质量、数量要求、科技服务的要求以及其他合作发展的建议。学院可跟踪、直接参与董事会企业方的产业建设中的科研项目,进行实质性产、学、研合作。

二、监督检查校企合作产业学院的合作方履约、资金筹措和必需资金及时划拨等情况是否符合标准和要求。

三、通过有关校企合作产业学院董事会可对产业学院的人事安排进行提议和议案。

四、董事成员单位可根据自身发展需要,优先从××职业学院所属产业学院的毕业生中选拔招聘各类优秀人才。

五、为配合学院办学体制改革,董事单位可优先与××职业学院联合申办新专业。

六、董事成员单位可以以资金、项目、设备等形式与××职业学院合作兴办实业,并享受院办产业的优惠政策。

七、××职业学院在招生等方面给予董事成员单位以政策倾斜、优惠与支持;董事成员的子女可享有在校期间的学费优惠减免,提前推荐就业机会等优惠政策。

第九条　董事有如下义务:

一、向××职业学院委托研究课题和科技开发项目,为学院提供教学、科研和社会实践方面的方便。

二、为学院提供各种信息和建设性意见。

三、为××职业学院校企合作董事会提供和筹集资金,捐赠产业学院建设和发展所需物资和以其他方式支持××职业学院的建设与发展。

四、积极向社会各界宣传××职业学院的教学、科研和改革发展成果;董事会成员应根据产业学院需要和要求为产业学院提供各专业的实习指导教师、兼课教师、客座教授,不定期为学院举办学术讲座等交流活动。可建立专业技术人员和专业教师互访、顶岗制度,实现人才优势互补。

五、积极为校企合作董事会联络推荐新的董事成员,成立新的产业学院董事会。

第十条　学院的义务:

一、优先向董事单位输送毕业生。

二、按照《校企共建产业学院协议》《学校产业学院建设发展和管理实施办法》的有关规定,优先为董事单位举办各种培训班和成人学历教育及继续教育,积极为董事单位培养所需各类人才。

三、优先向董事单位共享教育成果,转让人才成果和科技成果,提供科技服务及经营管理咨询。

四、董事单位员工子女报考学院时,在政策允许范围内予以照顾。

五、在国内外学术交流及其他活动中宣传董事单位。

六、聘请有相应职称的董事为学院兼职教授。

七、学院各职能处室无条件地为二级学院董事会下的产业学院做好职能服务,无条件地为二级学院提供相应的教学场地和完善的教学设施设备。

第十一条 根据双向服务、双向受益的原则,学院与董事单位之间可按具体合作专业签订《校企共建产业学院协议》。

第五章 组织和管理

第十二条 董事会每月至少召开一次关于产业学院的董事会会议,由董事长组织召开。董事会会议应全部成员(含委托他人)出席方才有效。如有重要事务,董事长可提议临时召开会议。如董事长故意不按期组织召开董事会,有三分之二董事提议,可由监事组织召开。

第十三条 董事长因特殊原因不能与会时,由董事长指定其他董事负责召集和主持。

第十四条 召开董事会会议应提前三天通知全体成员。董事会应对所议事项的决定形成会议记录,出席会议的成员应在会议记录上签名,形成的董事会决议由董事会秘书长报备学校产学研究发展中心进行核定后,由产学研究发展中心协调相关职能处室解决并落实相关董事会决议。(董事会会议记录表见附表4)

第十五条 董事会由成员行使表决权,董事会的决议须经五分之三以上组成人员同意方可通过。

第六章 附 则

第十六条 本章程由学校理事会决议通过后生效并实施。

第十七条 各董事单位根据信息传达和工作联络的需要,派产业学院董事会秘书长作为董事会联络员负责日常工作的联系和汇报。秘书长定期向董事会单位汇报有关学院活动的信息。

第十八条 本章程的解释权属于本董事会。

附表1　×××产业学院董事会职务申请书

姓名		性别		出生年/月	
身份证号码					
联系电话					
学历		专业		职称	
推荐单位		申请职务(董事长/ 监事长/秘书长/董事)			
个人简历					
核实备案					
校领导 意见					
推荐企业(确认并加盖公章) 年　月　日			推荐学校(确认并加盖公章) 年　月　日		

附表2 ×××产业学院董事会成员离职申请书

姓名		性别		出生年/月	
身份证号码					
联系电话					
学历		专业		职称	
推荐单位		所在职务（董事长/监事长/秘书长/董事）			
个人离职原因					
董事会意见					
董事长确认意见					
产学研究发展中心意见					
校领导意见					

附表 3　×××产业学院院长或执行院长推荐表

姓名		性别		出生年/月	
身份证号码					
联系电话					
学历		专业		职称	
推荐人		推荐所在职务			
个人简历					
董事会意见					
人事处意见					
产学研究发展中心意见					
校领导意见					

附表 4　×××产业学院董事会会议决议表

会议时间		会议地址	
会议议题			
参会人员			
议题存在的问题			
发言内容			
会议决议			
董事会成员（签字）			
产业学院董事长（签字）			
产学研究发展中心意见			
校领导意见			

附件 2　某学校产业学院考核与管理办法

××职业学院
产业学院考核管理办法

第一章　总则

第一条　为认真贯彻落实《国务院办公厅关于深化产教融合的若干意见》（国办发〔2017〕95 号）和《现代产业学院建设指南（试行）》等文件精神，推进学校《产业学院管理原则及意见》的实施，提升办学水平，加强管理与创新，特制订本考核办法。

第二章　指导思想

第二条　以促进发展为目的，以考核评估为手段，进一步引导和促进产业学院加强专业建设，深化管理体制、运行机制和办学模式改革，努力扩大办学规模，提高教育质量，增强职业教育服务经济社会发展的能力和实力。

第三章　基本原则

第三条　坚持以考核促发展的原则。通过考核，引导产业学院准确定位，坚持以服务为宗旨，以就业为导向，走产学研结合的发展道路，促进产业学院形成优势，办出特色，办出水平。

第四条　坚持定性与定量相结合的考核原则。产业学院的考核以办学水平为主，既注重基础能力建设，又注重内部管理和办学效益，硬件软件并重。

第五条　坚持实效性和激励性原则。考核以鼓励先进，促进发展为目的。

第四章　组织领导

第六条　学校成立产业学院绩效考核委员会（以下简称"委员会"）和考核组，各级机构的组成与职责分别如下：

（一）产业学院绩效考核委员会

委员会主任：董事长

委员会副主任：党委书记、校长、分管教学和产教融合的副校长

职责：委员会领导全校二级学院绩效考核工作，审定绩效考核办法、实施细则、指标体系和年度考核方案，对具体考核工作进行指导和监督。

（二）委员会下设产业学院绩效考核领导小组（以下简称"考核组"）

组　长：由分管教学和产教融合工作副校长

副组长：教学质量评估中心主任、教务处处长

成　员：由董事长办公室、人事处、教务处、产教融合办公室、教学质量评估中心、督导室、科研处、学生处、招生就业处、财务处、党委办公室、校团委、保卫处等单位主要负责人组成。

职　责：考核组处理委员会的日常工作，制订、修改二级学院绩效考核办法，设计考核的基本框架，确定考核中的指标模块及其权重，确定具体评分标准，具体组织实施学期和学年的考核工作，并对考核工作进行汇总和总结，并制订和执行工作改善方案。

第五章　考核内容

第七条　办学思想与定位。产业学院主动适应经济建设和社会发展需要，找准学校在区域经济和行业发展中的位置，坚持面向生产、管理、服务第一线需要，培养实践能力强，具有良好职业道德的高技能人才。

第八条　办学条件。按照《普通高等学校基本办学条件指标（试行）》（教发〔2004〕2号）和学校《产业学院管理原则及意见》中的相关要求，产业学院要根据人才培养需求，确保教学经费的投入，并根据需要逐年增加，要具备基本满足教学需要的场所和设施。

第九条　骨干特色专业。产业学院要紧密结合社会发展需要，在认真开展市场调研，准确把握市场对各类人才的需求情况的基础上，科学合理设置、调整专业；要加大专业建设力度，努力建设适应社会需求，在人才培养模式、课程建设、专业教学团队建设、实习实训基地建设、社会服务等方面特色鲜明、水平较高的示范性骨干特色专业和专业群。

第十条　师资队伍建设。产业学院要制订师资队伍建设计划，建立有利于提高教师质量的机制与措施。要高度重视专业带头人和教学骨干的培养，采取引进、培养、聘请能工巧匠兼职等多种措施，配齐学科教师特别是专业课教师，改善教师队伍结构，"双师型"素质教师占比不低于30%。

第十一条　实验实训条件。产业学院要重视教学基础设施特别是实验实训条件的改善，要有满足各专业实验、实训需要的教学设备，多数专业建立具有设备先进的实训基地。能切实发挥实验实训基地作用，加强学生的实训和实践教

学,增强动手能力和适应社会生产生活的能力。实验自开率高、实训开出率高,设备利用率高。

第十二条　改革与创新。产业学院要不断深化以人事分配制度改革为重点的内部管理体制改革,完善各项规章制度,建立科学合理的激励机制。要建立与行业、企业紧密联系的办学机制,不断强化产学研结合;注重人才培育模式的改革与创新,坚持进行课程体系和教学内容改革,能以应用为主旨和特征构建教学内容和课程体系,不断加强课程建设和开发,严格教材选用关,积极推进教学方法和教学手段的改革,能充分利用现代教育技术手段,广泛应用计算机辅助教学,效果良好。

第十三条　德育和思想政治教育。产业学院要认真贯彻《中共中央 国务院关于进一步加强和改进未成年人思想道德建设的若干意见》和《中共中央 国务院关于进一步加强和改进大学生思想政治教育的意见》文件精神,不断丰富教育内容、创新教育形式、强化教育效果,加强学生的德育和思想政治教育工作,不断加强校园文化建设,形成良好的学风和校风;在加强学生的专业基本技能培养的同时,强化职业道德和职业能力的培养。

第十四条　招生与就业。产业学院招生工作扎实,办学规模逐年扩大,能全面完成招生计划。要把培养学生动手能力、实践能力和可持续发展能力放在突出地位,把职业资格证书课程纳入教学计划,学生同时获得毕业证和职业资格证书的比例高,能够适应产业结构调整、技术进步和岗位变化的要求。对学生进行职业指导和创业教育,积极为毕业生提供就业咨询服务,毕业生就业率高、用人单位对毕业生评价好。在坚持做好学历教育的同时,充分发挥职业院校资源优势,加强职业技能培训。

第六章　考核的组织与实施

第十五条　产业学院考核由学校考核组负责组织实施。考核以学期和学年为单位每年进行两次。每年7月和12月对二级学院进行考核。

第十六条　产业学院要根据完成学期考核任务和学年考核任务组织自查自评工作,并将结果按规定报学校考核组。

第十七条　考核组组织产业学院绩效考核委员会、专家组负责考核并提出年度考核意见,报经产业学院绩效考核委员会、产业学院董事会审定后予以公布。

第七章　考核方式

第十八条　指标考核。一级指标考核采用先定量后定性方式。每个一级指标分别先依据二级学院考核指标体系考核计分,后分优秀、合格、基本合格、不合格四个等级,优秀率原则上不超过40%。

第十九条　评议考核。评议考核由校领导测评(40分)和各相关职能部门测评(60分)确定,分优秀、合格、基本合格、不合格四等,优秀率原则上不超过40%。具体方法如下:

1.校领导评分(40分)

由校领导通过对二级学院年终工作以及平时所了解的各种工作业绩基础上,在日常管理、建设发展、群众满意等方面对单位全年度绩效的一种综合性评议。

评议主体由产业学院绩效考核委员会,对考核对象的单位年度绩效进行评议打分,占评议考核分值的40分。

2.各相关职能部门评分(60分)

各相关职能部门负责人对考核对象的单位年度绩效和日常工作管理进行评议打分,占评议考核分值的60分。

第八章　考核结果

第二十条　产业学院的年终考核结果主要分为优秀、合格、基本合格、不合格四个等次。优秀等次单位原则上控制在参评单位总数的30%以内,基本合格、不合格等次单位原则上控制在参评单位总数的25%以内。

第二十一条　同时具备以下条件者可定为优秀学院:

1.5个核心指标考核、评议考核均获优良;

2.所有一级指标均获合格以上。

若依据上述条款可获优秀学院不足参评学院的30%,考核组先根据学院所获核心指标获优个数、再根据评议考核得分排序的办法最多补足优秀推荐名额报学校决定。

第二十二条　考核结果实行一票否决制。本年度出现下列情况直接定为不合格:

1.综合治理考核不合格;

2.就业工作考核结果不合格;

3.意识形态工作责任落实考核不合格;

4.出现重大责任事故及严重违纪、违规和违法事件等;

5.产业学院教学工作考核不合格(学校教务处出具结果)。

第二十三条　考核结果同时实行一票获优制,若个别学院在年度考核期内获重大突破性业绩,可直接向委员会提出获优申请,经审议后报学校决定。每年一票获优学院名额不占优秀学院评选指标,但原则上不得超过两个。

第九章　申辩复核

第二十四条　考核对象如对考核结果有异议,可于结果公示后三个工作日内向考核组提出申辩,考核组在一周内组织复议。

第十章　考核结果的运用

第二十五条　对年度绩效管理获得优秀的产业学院,给予表彰及奖励。

第二十六条　产业学院年度目标管理考核结果为所在二级学院党政主要负责人的个人考核结果的重要依据。

第二十七条　本实施细则自颁布之日起施行,由产教融合办公室负责解释。

××职业学院

202×年×月×日

附件3 现代产业学院治理文件制度清单(参考)

一、领导机制相关文件制度清单(参考)

1.《现代产业学院理事会/董事会章程》

定义理事会/董事会的组成、职责、权力及议事规则。

2.《现代产业学院院长负责制实施办法》

明确院长在行政工作中的职责、权力及决策流程。

3.《现代产业学院党委领导下的院长负责制实施细则》(如适用)

阐述党委在学院治理中的监督保障作用及与院长负责制的关系。

二、执行机制相关文件制度清单(参考)

1.《现代产业学院院长及管理层岗位职责说明》

详细描述院长、常务副院长、副院长及各管理层的职责与权限。

2.《现代产业学院部门设置与职责管理规定》

确立学院内部部门结构,明确各职能部门的职责、权限及相互关系。

3.《现代产业学院管理人员任命与考核办法》

规定管理人员的选拔、任命、考核及激励机制。

三、治理机构相关文件制度清单(参考)

1.《现代产业学院学术委员会章程》

明确学术委员会的组成、职责、权力及议事规则,负责学术事务的审议与决策。

2.《现代产业学院教学委员会章程》

规定教学委员会的组成、职责,负责教学工作的规划与监督。

3.《现代产业学院学生事务委员会章程》

阐述学生事务委员会的组成、职责,负责学生管理、服务及权益保障。

四、监督机制相关文件制度清单(参考)

1.《现代产业学院监事会/审计部门工作条例》

定义监事会/审计部门的职责、权力及监督程序,确保学院运营的合法合规性。

2.《现代产业学院评估与反馈系统管理办法》

规定教学质量、科研成果、学生满意度等评估的周期、方法及反馈机制。

五、治理内容相关文件制度清单(参考)

1.《现代产业学院战略规划与发展规划书》

学院中长期发展目标、战略定位与方向的具体规划。

2.《现代产业学院利益协调机制实施办法》

明确利益协调机制的具体操作流程,包括沟通协商会议、利益分配原则等。

3.《现代产业学院产教融合与校企合作管理办法》

阐述产教融合、校企合作的模式、流程、管理及支持措施。

4.《现代产业学院人才培养方案优化与调整细则》

规定人才培养方案的动态调整机制及与产业需求的对接方式。

5.《现代产业学院师资队伍建设与管理办法》

引进、培养、考核及激励高水平师资团队的具体措施。

6.《现代产业学院科研创新与社会服务激励政策》

科研项目的支持政策、科技成果转化机制及社会服务拓展策略。

7.《现代产业学院资源配置与效率提升计划》

资源配置原则、优化策略及运营效率提升的具体措施。

8.《现代产业学院风险管理与合规性建设方案》

风险识别、评估、监控及合规性管理机制的具体实施方案。

参考文献

[1] 菲利普·G.阿特巴赫,罗伯特·O.波达尔,帕崔凯·J.甘波特.21世纪的美国高等教育:社会、政治、经济的挑战[M].施晓光,蒋凯,译.2版.青岛:中国海洋大学出版社,2007.

[2] 弗里德里希·李斯特.政治经济学的国民体系[M].陈万煦,译.北京:商务印书馆,1961.

[3] 吴竞鸿,卢立新.基于共生理论的校企命运共同体构建策略研究[J].天津中德应用技术大学学报,2022(4):15-20.

[4] 郭湘宇,周海燕.高等职业教育校企命运共同体评价体系研究[J].教育与职业,2023,1029(5):73-78.

[5] DE BARY A. Die erscheinung der symbios[M/OL]. Berlin:De Gruyter,1879[2021-03-06]. https://doi.org/10.1515/9783111471839.

[6] SERRANO V,FISCHER T. Collaborative innovation in ubiquitous systems[J]. Journal of Intelligent Manufacturing,2007,18(5):599-615.

［7］陈丽君,张晓霞.共生理论下高职院校复合型人才培养模式研究[J].职教通讯,2020,35(6):53-62.

［8］许文静.整体性视域下产业学院内部结构的治理逻辑研究[J].中国职业技术教育,2018(29):12-16.

［9］黄彬,姚宇华.新工科现代产业学院:逻辑与路径[J].高等工程教育研究,2019(6):37-43.

［10］高鸿.产业学院:源于产业,根植产业,服务产业[J].职业技术教育,2021,42(30):1.

［11］张永缜.共生:一个作为事实和价值相统一的哲学理念[J].西安交通大学学报(社会科学版),2009,29(4):60-64,82.

［12］胡海,庄天慧.共生理论视域下农村产业融合发展:共生机制、现实困境与推进策略[J].农业经济问题,2020,41(8):68-76.

［13］黄倩华,易丽.共生理论语境下现代产业学院协同共建:困境与出路[J].高等职业教育探索,2022,21(1):15-20.

［14］阮李全,蒋后强.高校办学自主权:由来、要素、涵义、走向[J].国家教育行政学院学报,2014(8):26-31.

［15］蔡露,马志强.利益相关者视角下新工科人才协同培养的问题与对策[J].教育理论与实践,2020,40(21):7-10.

［16］卢广巨,余莎,胡志敏.利益分析视角下产业学院的发展逻辑与治理策略[J].职业技术教育,2021,42(7):49-53.

［17］秦凤梅,莫堃.基于 CIPP 模型的职业教育产教融合质量评价研究[J].西南大学学报(社会科学版),2022,48(3):194-203.

［18］王辉.校企协作助推产教融合:美国社区学院校企协作"项目群"的兴起[J].高等教育研究,2015,36(3):102-109.

［19］李玉珠.产教融合制度及影响因素分析[J].职教论坛,2017,33(13):24-28.

［20］高慧,赵蒙成.高职教育产教融合质量评价中"人"的维度[J].苏州大学学报(教育科学版),2018,6(3):13-20.

［21］吕路平,童国通."双高计划"背景下高职院校产教融合质量评价体系研究[J].职业技术教育,2020,41(30):31-36.

[22] 谢敏,顾军燕.产教融合视阈下高职院校校企融合度研究与评价实践[J].中国职业技术教育,2018(5):41-44.

[23] 付俊文,赵红.利益相关者理论综述[J].首都经济贸易大学学报,2006,8(2):16-21.

[24] 文益民,易新河,韦林.利益相关者视域下校企合作综合评价指标体系构建研究[J].中国高教研究,2015(9):58-62.

[25] 姜泽许.职业教育产教融合质量评价体系的构建[J].职教论坛,2018,34(5):34-39.

[26] 刘新建.系统评价学[M].北京:中国科学技术出版社,2006.